NATIONAL GEOGRAPHIC

美国国家地理全球史

大航海时代

The Age of Explorations

美国国家地理学会 编著　　陈路 译

中国出版集团　现代出版社

目　录

插图（第2页）　《詹姆斯·库克船长的肖像》。纳撒尼尔·丹斯–荷兰爵士（Sir Nathaniel Dance-Holland）于1775年左右创作的布面油画（藏于英国格林威治，英国国立海洋博物馆）。

插图（第4—5页）　圣费利佩·德尔·莫罗要塞，波多黎各圣胡安市建造的西班牙城堡。

插图（左侧）　葡萄牙雇佣军在印度，16世纪末《阿克巴之书》（Akbar Namah）插图（藏于英国伦敦，大英博物馆）。

THE MARINERS MIRROVR

Wherin may playnly be seen the courses, heights, dif=
tances, depths, foundings, flouds and ebs, rifings of
lands, rocks, fands and fhoalds, with the marks for th'en=
trings of the Harbouroughs, Havens and Ports of the
greateft part of Europe: their feueral traficks and
commodities: Together wᵗʰ the Rules and inftrumēts
OF NAVIGATION

Firft made & fet fourth in diuers exaçt Sea-Charts, by that famous
Nauigator LVKE WAGENAR of Enchuifen. And now fitted with neceffarie
additions for the ufe of Englifhmen by
ANTHONY ASHLEY.

Herrin alfo may be underftood the exploits lately atchiued by the right
Honorable the L. Admiral of England, with her Maᵗⁱᵉⁿ Nauie and fome
former feruices don by that worthy Knight
Sᵗ FRA: DRAKE.

Iacobus de lo faij.

概　述

15世纪末的欧洲还只是从亚洲延伸出来的一个贫穷而拥挤的半岛。在印度和中国等伟大的千年文明国度的人们看来，近来街头偶尔出现一两个来自世界另一端的旅行者或商人的身影，充其量不过是件热闹一时的新鲜事。所以，他们完全没有感受到这里面潜藏着什么样的威胁，完全没有意识到全球化的到来已不可避免，他们依然安之若素，照旧沉浸在对自己优越的文化和技术的自豪之中。他们的自豪不无道理。因为他们早已掌握远洋航行的技术，拥有帆舵精良的船只、行之有效的罗盘和地图以及经验丰富的海员和水手，能够根据星辰的方位来实现相当精确的定位。他们的船只满载着精美珍贵的商品，尤其是丁香、胡椒、肉桂等各种香料，当然还有黄金和奴隶，遨游在东至日本西迄阿拉伯的广大海域。他们做出的一些重大发明，如火药和造纸术，更是令亚洲人充满了优越感。然而，在接下来的三个世纪中，西方人进行的伟大探险彻底颠覆了这种已经绵延几千年的世界秩序。西方人通过探险，不仅发现了那些从前与世隔绝的地区，而且使商品、人员、思想和技术在全球范围内的流通从此变得一发而不可收了。

插图（第8—9页）　　拉佩鲁兹在环球航行启程前接受法国国王路易十六的指示。尼古拉–安德列·蒙修（Nicolas-André Monsiau）于1817年创作的布面油画（藏于法国国立凡尔赛宫博物馆）。

插图（左侧）　荷兰航海家卢卡斯·詹森·瓦格纳尔（Lucas Janszoon Waghenaer）编撰的航海艺术集《海洋之镜》（*Spieghel der Zeevaert*）的扉页，该书出版于1579年（藏于英国伦敦大英图书馆）。

亚美利哥·维斯普奇

件现代雕刻作品上的亚美利哥·维斯普奇，他是一位探险家、地图制图师，美洲大陆就是以他的名字命名的。

插图（右侧）

西方的扩张

文艺复兴时期是欧洲扩张真正的黄金年代。无所畏惧的气概、骑士冒险精神和贸易开拓创新交织在一起，在起始阶段为这场扩张提供了动力，但这些并不足以支撑其持久展开。要想理解西方的扩张如何得以持续，就必须对诸如福音布道、帝国天命论以及欧洲人对烟草等热带产品的迷恋等因素有所了解。

项地理发现，只有其发现者最终回到出发地向人们展示探索的成果，为后续新的探索打下基础，才算得上名副其实。从这个意义上说，持续探索和经验积累才是根本。毫无疑问，在哥伦布之前，维京人早就踏上过美洲的土地，但是使欧洲认识到美洲这块新大陆存在的，却是西班牙人。诚然，早在欧洲人到来之前，非洲、亚洲、美洲及大洋洲的文明就已经拥有许多可以称之为科学的知识，但地理发现所蕴含的文化意义在 15 世纪之前是不曾存在过的。直到 1488 年，葡萄牙人巴

1492—1542 年的探索与征服

983年

维京人到达美洲 维京人从冰岛出发，抵达了格陵兰岛的西南海岸，并在纽芬兰建立了一些渔场。

1492—1504年

哥伦布的航海旅行 克里斯托弗·哥伦布进行了四次美洲之旅。头两次，他探索了加勒比海的一些岛屿；第三次和第四次，他登上了美洲大陆的海岸。

1497—1542年

北方航道 约翰·卡伯特于1542年，加斯帕（Gaspar）和米格尔·科尔特·雷亚尔（Miguel Corte Real）于1497—1502年、乔瓦尼·达·韦拉扎诺（Giovanni da Verrazzano）于1524年，雅克·卡蒂耶（Jacques Cartier）于1534—1542年先后发现了北方航道，并探索了纽芬兰海岸、拉布拉多半岛、海湾以及圣劳伦斯河和曼哈顿岛。

1499—1500年

安达卢西亚人的航海旅行 阿隆索·德·奥耶达（Alonso de Ojeda）于1499年、佩德罗·阿隆索·尼诺（Pedro Alonso Niño）于1499年、文森特·亚涅斯·平松于1500年、迭戈·德·勒佩（Diego de Lepe）于1500年、路易斯·瓜拉（Luis Guerra）和阿隆索·贝莱斯·德·门多萨（Alonso Vélez de Mendoza）于1500年、胡安·德·拉·科萨（Juan de la Cosa）和罗德里戈·德·巴斯迪达斯（Rodrigo de Bastidas）于1500年先后探索了从巴拿马到巴西伯南布哥市之间的美洲大西洋海岸。

托洛缪·迪亚斯（Bartolomeu Dias）率领的探险队沿着非洲的海岸线绕过好望角，他们对自己海洋探险功绩的叙述才算为"地理发现"这一概念作出了定义。他们要求人们承认他们的伟大功劳，同时要求得到与这一功劳相应的待遇。所以说，实现"地理发现"的人们其实是完成了两个层面的行动：地理层面上，他们到达了某地并在那里逗留，而在回到出发地后他们希望其他人追随他们的探险步伐；文化层面上，他们宣告对所发现之地拥有所有权的行为是一种自我确认行为，这种行为使他们随即获得了对所发现之地的财产权和管理权。他们认为他们是最早到达的，是文明的。要想回到过去已无可能，未来被他们掌控。因此，葡萄牙民族诗人路易斯·德·卡蒙斯（Luís de Camões，1524 年生于里斯本，1580 年死于里斯本）写下名言"扬帆远航去，生死不足惜"（Navegar é preciso, viver não é preciso）来歌颂这一切，也就不足为奇了。

欧洲奇迹

从世界范围来说，大探险的第一个黄金时代出现在 1492 年至 1522 年。热那亚人克里斯托弗·哥伦布（Christophe Colomb）率领他的船队于 1492 年启航，其目的地是通过向西航行横渡大西洋以抵达亚洲。结果哥伦布并未如愿抵达远东，而是到达了巴哈马群岛的瓜纳哈尼岛。1522 年则是第一次环球航行的船队返回西班牙的年份。那支远航船队先是由费尔南多·德·麦哲伦（Fernand de Magellan）率领，在他死后由胡安·塞巴斯蒂安·埃尔卡诺（Juan Sebastián Elcano）接任。这次环球之旅的实现其实是被迫改变航线的结果。他们本来打算再次横渡太平洋而非借由印度洋返回伊比利亚半岛，所以环球航行并不是他们的原计划。在这两次航行之后，在一统众王国封地建立君主制帝国的野心激励下，欧洲的扩张已成不可扭转之势。而在当时没有任何人预料到这一新兴的趋势拥有何其强大的力量。

地理大发现的本质以及欧洲的殖民扩张曾经引起广泛的争议。按照传统的观点，这无非是为了长期控制资源和争夺世界市场而展开的竞争。而新近的一些研究突破定式，将一些重要的文化因素纳入了考虑范围，特别是现代国家的出现、一些港口城市受到强大的海洋势力的把控等因素，此外还有骑士理想对水手心态和行为影响这一因素。所谓的骑士理想，简而言之，混合了对未知世界的好奇、闯荡天下的豪情、成就事业的能力和创造未来的才智。所有这些因素激励着当时的欧洲人为了博取成功、财富和荣耀而甘愿承担个人风险，踏上冒险的征途。而且在 1400 年之后，也没有任何政治或宗教权力禁止欧洲人进行海洋探险，而这种探险看上去就像是他们对自身人性进行的一场雄心勃勃的探索。著名的"欧洲奇迹"之说，无论那是否真的是一种奇迹，仍不啻为对欧洲在第一次全球化中起到的根本作用的一种合理的解释。

哥伦布、麦哲伦和埃尔卡诺引来后继者竞相效仿。紧随地理大发现时代而至的便是殖民时代，其主要构成在 1500 年左右便已确定下来。那是伊比利亚半岛主宰世界的时代。西班牙和葡萄牙这两个君主制国家向其他欧洲人指明方向，并在各自的地盘上建立起了帝国，帝国的两个权力中心分别设在美洲和亚洲。尽管 1493 年（或许更早）颁布的教皇谕旨授予两国国王在"有待发现和征服"的土地上进行福音布道的专属委任权，但很明显，从一开始，他们就不会孤单。1497 年，布里斯托尔（英格兰西部）的商人们就派威尼斯人约翰·卡伯特（Jean Cabot）去往纽芬兰。回来后，卡伯特宣称自己"发现了一块长达 700 里的陆地，是大可汗的国度"。

哥伦布：是狂妄大胆，还是志在必得？

克里斯托弗·哥伦布先后在葡萄牙王室和西班牙王室面前阐述经由大西洋前往印度的可能性。他何以有如此坚定不移的信念？至今仍众说纷纭。

经由未知海域向西横穿大西洋前往亚洲，在当时看来当然是一种狂妄的想法。然而哥伦布却对此表现出一种谜一样的自信，乃至他向葡、西两国国王请求的，不仅是给他一支舰队，还要他们先行承诺他对于他将发现的土地享有特权。这样的要求，仿佛说明他对于自己将要进行的探索有着十足的把握，他的底气令人觉得他对于将要发现的大陆似乎有着提前的了解。所以有人提出了存在着"先于哥伦布的发现者"的说法，认为可能早已有一位航海者偶然地到达了大西洋的彼岸，而此人在返回欧洲后，在临死前把自己的发现透露给了哥伦布。绰号"印加人"的加西亚索·德·拉·维加（Garcilaso de la Vega）甚至说那个航海者就是来自韦尔瓦的阿隆索·桑切斯（Alonso Sánchez）。

插图 哥伦布在拉比达修道院。爱德华多·卡诺·德·拉·佩尼亚（Eduardo Cano de la Peña）于1856年创作的布面油画（藏于西班牙马德里的参议院宫）。

其实他和五年前的哥伦布一样发现的是美洲。他还宣称那里有着大片的鳕鱼渔场、精美的丝绸和有待治理的王国，真可谓"机不可失"。于是亨利七世亲自出面为他筹措了再次航行的资金，结果这一回，卡伯特却一去不复返了。后来人们才知道，派往北大西洋的五艘船舰中，有四艘因为遭遇风暴而不知所踪。一位朝臣就此冷语嘲讽道："他莫不是跑到海底去开疆拓土了。"但这并未浇灭英国人的热情，他们把目光转向了更低纬度的南边，因为那里的海洋航行网络更加可靠。

以脾气暴躁易怒出名的葡萄牙水手瓦斯科·达·伽马（Vasco de Gama）于1498年5月

20 日在印度西南沿海的卡里卡特（Calicut，今译科泽科德，Kozhikode）登陆。与他同行的大概有十二个人。他们是从葡萄牙启航的，目的是"寻找香料和基督徒"。自从 7 世纪伊斯兰教开始扩张以来，基督教觉得自己势单力薄，亟须充实新生力量。此次航行，达·伽马在绕过非洲之后，抓了一位向导把自己带到了印度卡里卡特的胡椒大市场。这标志着西方在经过了一个多世纪的谨慎发展之后进入了一个新的阶段。在过去的岁月中，葡萄牙已在其大西洋和印度洋航线沿线建立了一系列集市要塞。它们就像威尼斯的集散市场一样，人们时而在那里打仗，时而在那里交易——而且常常是战争和贸易

瓦斯科·达·伽马（1469—1524 年）

图为 16 世纪中期一本彩色手抄本中描绘的这位伟大的葡萄牙航海家的形象。

同时进行。葡萄牙船舰可停泊的港口沿着海岸线一年年向非洲南部挺进，它们冒险靠港停泊，有时是为了补给用水，有时是为了抓捕向导或人质。他们还利用靠港停泊的时机掳掠当地女性，教她们讲葡萄牙语，再把她们放回岸上，目的是希望她们以及她们的后代将来可以为葡萄牙人充当译员并向葡萄牙人提供宝贵的帮助。

在前往印度的路上，达·伽马摈弃了这种做法，他严禁女性登上他的船舰。因为，他认为"有了女人的存

葡萄牙人在亚洲：借助贸易展开征服

哥伦布发现美洲，令葡萄牙王室感到措手不及。于是，葡萄牙人也着手探索一条通往印度的海上航路，以保障自己对香料贸易的垄断。之后，他们一方面向印度洋扩张，另一方面征服巴西，在那里建立起葡萄牙帝国。

虽然葡萄牙人并未放弃使用武力来展示力量（1502年达·伽马就曾炮轰印度卡里卡特），但他们在到达亚洲大陆之初，主要采取的还是一种贸易的姿态。为了保护葡萄牙在当地的商行等机构的安全，并遏制欧洲、阿拉伯以及奥斯曼土耳其等竞争对手，葡萄牙周旋于印度各王国之间，与它们建立了各种同盟或互惠关系。但这还是为它最终进行军事殖民扩张埋下了伏笔。葡萄牙军事殖民扩张的主要执行者是阿方索·德·阿尔伯克基（Alfonso de Albuquerque）。1509年，葡萄牙国王曼努埃尔一世（Manuel Iᵉʳ）任命此人为印度总督，将其派往印度。次年，他就发动了一场征服之战。卡里卡特对他进行了顽强的抵抗，但他得以顺利地拿下了果阿（Goa），果阿就成为葡属东印度的首府。在这场征战之后，葡萄牙人在锡兰、马六甲、马鲁古群岛、东帝汶、澳门以及长崎等地相继建立了一系列贸易港口。此外，葡萄牙人还通过在海洋沿岸各地建立的众多要塞，向来往船只收取通行费用。

插图 左页，阿方索·德·阿尔伯克基一行抵达果阿。1889年出版的《卡萨纳滕斯法典》（Codex Casanatense）中的插图（藏于意大利罗马，卡萨纳滕斯图书馆）。

葡萄牙在亚洲的殖民地 图为1683年的葡属印度的果阿地图。

在，他们（水手们）就会忘记我们每时每刻都是在向死亡进发"。在绕过好望角之后，由于人手不足和沿岸支持站点缺乏，这些葡萄牙航海家必须提高警惕。此外，许多当地商人，尤其是穆斯林商人，常常劝说沿岸富裕国家的领导人不要和这些外来者做生意。1502年，达·伽马再次返回卡里卡特时，他的舰船"持续轰鸣发炮，铁石炮弹如雨点而降"，状况恐怖，令这座城市陷入恐慌。尽管起初有些激进，但葡萄牙人带来的影响绝不像有些人指责的那样充满破坏性，当地的商人还是可以继续正常活动而没有受到太大的干扰。至少在一个世纪后荷兰的东印度公司到来之前一直如此。1500 年，在葡萄牙人佩德罗·阿尔瓦雷斯·卡布拉尔（Pedro Álvares Cabral）到达巴西海岸的几个月之前，安达卢西亚人文森特·亚涅斯·平松（Vicente Yáñez Pinzón）及其手下已经抵达了那里。

向内陆进发

平松在他忠实的手下的陪同下，驾着四条快帆船，从伊比利亚半岛启航，向着通往加那利群岛和佛得角的安全航路进发。在越过赤道之后，他一直向南航行，直到再也看不到北极星。1500 年 1 月，他和同伴在一个海角上岸，他们占领了这个海角并将其命名为"圣玛丽慰藉角"（Sainte-Marie-de-la-Consolation）。之后，他们继续向北前进，先是到达了亚马孙河（Amazone）河口，将其命名为"甜海圣玛丽河"（Río Santa María de la Mar Dulce），随后又到达了奥里诺科河（Orénoque）河口，将其叫作"甜河"（Río Dulce）。对这些江河的探索预示了随后几十年发生的事情。西班牙在美洲的殖民活动与葡萄牙的殖民活动的一大区别，就是前者没有止步于沿海地区，而是敢于沿河流上溯深入大陆内部。而这片大陆在 1507 年被最终命名为"亚美利加"，为的是向一位名叫亚美利哥·维斯普奇（Amerigo Vespucci）的佛罗伦萨航海家、地图师及间谍致敬。在西班牙人的想象中，这片大陆的内部有许多强大而繁荣的帝国在等待他们去发现。而印第安人为了让这些外来者尽快离去，也不断地为这些幻想添枝加叶。在从欧洲出发向西通往亚洲的航道上，这条连续而漫长的美洲海岸线勾勒出的轮廓渐渐清晰起来。这样一片以前从未被人提及的巨大土地出乎意料地横亘在那里。想要到达自己的终极目的地——那些盛产香料的岛屿，首先必须要穿过这片土地。平松仍然坚信自己到达的不是巴西，而是亚洲的一个巨大的海角，但敏锐的维斯普奇却作出了相反的判断。他认为这些土地绝对是一片全新的天地。所以，他在 1503 年春写给佛罗伦萨政治家、作家洛伦佐·德·美第奇（Laurent de Médicis）的信中，欣喜地将它们叫作"新世界"（mundus novus）。在占领了牙买加、古巴、佛罗里达以及巴拿马等加勒比海地区之后，接下来就是对美洲进行"伟大的征服"。

阿兹特克帝国

在弗朗西斯科·埃尔南德斯·德·哥多华（Francisco Hernández de Córdoba）于 1517 年发现墨西哥尤卡坦半岛后，古巴总督迭戈·贝拉斯克斯·德·奎拉尔（Diego Velázquez de Cuéllar）组织了一支远征军，交由自己的前秘书、好友及教子埃什特雷马杜拉人埃尔南·科尔特斯（Hernán Cortés）统领。这支舰队只有 11 艘舰船，大约 500 名士兵：对于这样一场艰难的长途远征而言，这样的力量是根本不够的。上岸后，一个从海难中幸存还学过玛雅语言的西班牙人赫罗尼莫·德·阿吉拉尔（Gerónimo de Aguilar）以及一名印第安少女，即后来非常有名的马林切（Malinche），加入了这支远征军。马林切会讲阿兹特克人的纳瓦特尔语，这就使科尔特斯得以和阿兹特克皇帝蒙特苏马（Moctezuma）的密使们进行交流。阿兹特克人对西班牙人及其武器和战马感到震惊，于是向科尔特斯进献了许多礼物，希望他们离开。但阿兹特克人的做法反而激起了西班牙征服者的贪婪。1519 年 7 月，科尔特斯在墨西哥湾海岸建起了韦拉克鲁斯城（Veracruz），并从那里出发，来到了坎波拉（Cempoala），一位部落酋长前来向他抱怨阿兹特克的苛捐杂税。于是科尔特斯令人将从古巴来时乘坐的舰船沉入海底，以示背水一战的决心，同时又招募了大量土著士兵作为同盟军。8 月，这支军队抵达了特拉斯卡拉（Tlaxcala）：在那里，又有许多土著人赶来加入，壮大了征服者的队伍（总人数达到 12000 人，其中西班牙人只有 600 余人）。随后，科尔特斯向乔卢拉（Cholula）进军。而蒙特苏马早已布下了陷阱。结果，科尔特斯的人识破了陷阱，在那里对阿兹特克人展开了一场屠杀，然后在 1519 年 11 月 8 日攻进了阿兹特克帝国宏伟的首都特诺奇蒂特兰（Tenochtitlan）。

征服者科尔特斯乘胜追击，俘虏了蒙特苏马。为了控制这位皇帝，他又从古巴调来一支援军，充实力量。而在大神庙（Grand Temple）屠杀后，科尔特斯不得不应对土著人的反抗。大概阿兹特克人觉得蒙特苏马已经当了叛徒，所以投石砸死他。土著人步步进逼。在 1520 年 6 月 30 日至 7 月 1 日那个著名的"悲痛之夜"（Noche Triste），科尔特斯和他的伙伴、同盟军逃往奥通巴（Otumba）和特拉斯卡拉。阿兹特克人的攻击令他们损失惨重。他们在特拉斯卡拉重整旗鼓，准备了几

《墨西哥海岸上的科尔特斯》

画作表现的是蒙特苏马的代表们接待科尔特斯的一幕，后者一边炫耀自己的火枪和战马，一边和他们大谈和平。创作于16世纪的布面油画，作者未知（藏于美国迈阿密的杰伊·基斯拉克基金会）。

艘双桅横帆船，拆成零件运送，以期最终夺取特诺奇蒂特兰。1521年8月，在鼠疫、饥馑和战争的多重折磨下，这座壮美的城市屈服了。8月13日，阿兹特克最后一位皇帝库奥特莫克（Cuauhtémoc，意为"坠落的雄鹰"）缴械投降。科尔特斯立即着手重建这座城市，在那里建立了新西班牙总督辖区（现代墨西哥的摇篮）的首府：墨西哥城。

在击溃阿兹特克帝国之后，对中美洲其他地方的征服便势如破竹了。佩德罗·德·阿尔瓦拉多（Pedro de Alvarado）向危地马拉进军，而科尔特斯手下其他将领，如克里斯托瓦尔·德·奥利德（Cristóbal de

Olid）和冈萨雷斯·达维拉（González Dávila）迅速占领了洪都拉斯、尼加拉瓜以及尤卡坦。而哥斯达黎加则从这个世纪的下半叶开始受到危地马拉的殖民。

高地的主人

在 1524 年至 1528 年间，另一个埃什特雷马杜拉人，弗朗西斯科·皮萨罗（Francisco Pizarro）为征服秘鲁而进行了几场战役。他在巴拿马时，就听说南方有一个富有的帝国，名叫"比鲁"（Birú）或"皮鲁"（Pirú），于是他就前往哥伦比亚和厄瓜多尔的沿海地带去探险。当分别代表印加帝国不同地方权力的瓦斯卡尔

奇布查人

奇布查人是哥伦比亚中部昆迪博亚森高原上的居民，是人口数量仅次于印加人的南美洲第二大土著人。从公元前 6 世纪开始，直到西班牙征服者到来之前，奇布查人世代居住于那个地区，其历代君主对那里以及周边地区进行统治。上图为"图尼奥斯"（tunjos），是一种用黄金或金铜合金制作的器物，是奇布查人最具代表性的艺术品（藏于西班牙马德里的美洲博物馆）。

两个世界的碰撞：
征战双方的武器

虽然阿兹特克人多势众，但征服墨西哥的西班牙人在武器和战斗技术上的优势令他们望尘莫及。倚仗着火枪和铁制装备，每一个西班牙人都能以一敌数十。有一份当地土著人的史料记载了当时那些欧洲人在作战时的残暴："西班牙人协同进攻，用矛和剑大肆杀戮包围着他们的人……他们砍碎阿兹特克人的头颅……有的人奔逃不及，连肠子都被西班牙人挑了出来，践踏在脚下。"

钢板编成的护体盔甲。图为腓力二世时期的精钢盔甲，西格曼和科尔曼制作于1550年左右（藏于西班牙马德里皇家军械库）。

装火枪火药的囊。图为17世纪的象牙制火药囊（藏于西班牙马德里拉萨罗·加尔迪亚诺博物馆）。

射程可达350米的弩。图为制作于1640年的德式弩（藏于德国德累斯顿军械库）。

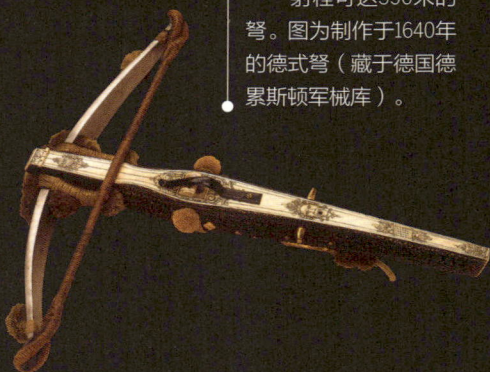

锋利、轻盈、称手的钢质长剑。图为15世纪的天主教伊莎贝拉剑（藏于西班牙马德里军事博物馆）。

在当时，火枪是一种高效而可怕的武器。图为16世纪查理五世时的火枪（藏于西班牙马德里皇家军械库）。

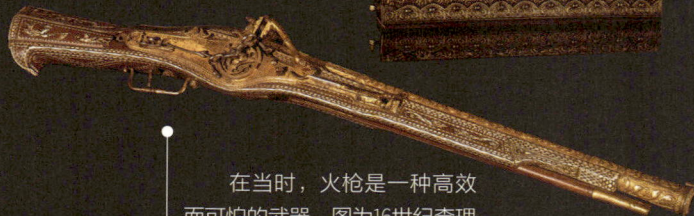

阿兹特克人使用一种名为"阿特拉特尔"（atlatl）的吹管，射程可达50米。图为一支镶金阿特拉特尔吹管（藏于意大利罗马的路易吉·皮戈里尼国立史前民族志博物馆）。

雄鹰战士是阿兹特克军队的精锐。他们所使用的武器主要是长矛或棍棒。图为一尊雄鹰战士陶土塑像（藏于墨西哥城大庙博物馆）。

棉花填充的铠甲根本无法抵御火枪或铁制武器的进攻。图为阿兹特克战士的铠甲（藏于墨西哥城国立人类学博物馆）。

阿兹特克人的这种用木头、兽皮和羽毛制作的盾牌用来抵挡他们自己的石刀还是有效的（藏于奥地利维也纳的人种学博物馆）。

铁与火对羽与石的战争

阿兹特克人不只是在武器装备上劣于西班牙人，而且在作战时也毫无组织章法。他们既不懂排兵布阵，也不懂在撤退时应该进行掩护、且战且退，而是队长一旦战死就溃不成军地放弃阵地。西班牙人则恰恰相反，他们曾在伊比利亚半岛上历经对穆斯林的战争，都是经验丰富的职业军人，而且装备着适合攻城拔寨的火炮。在组织起征服军之前，火器和战马已是西班牙军事征服的主要法宝。

图为手绘《特拉斯卡拉画册》（Lienzo de Tlaxcala）中的画面（藏于墨西哥城国立人类学和历史学图书馆）。

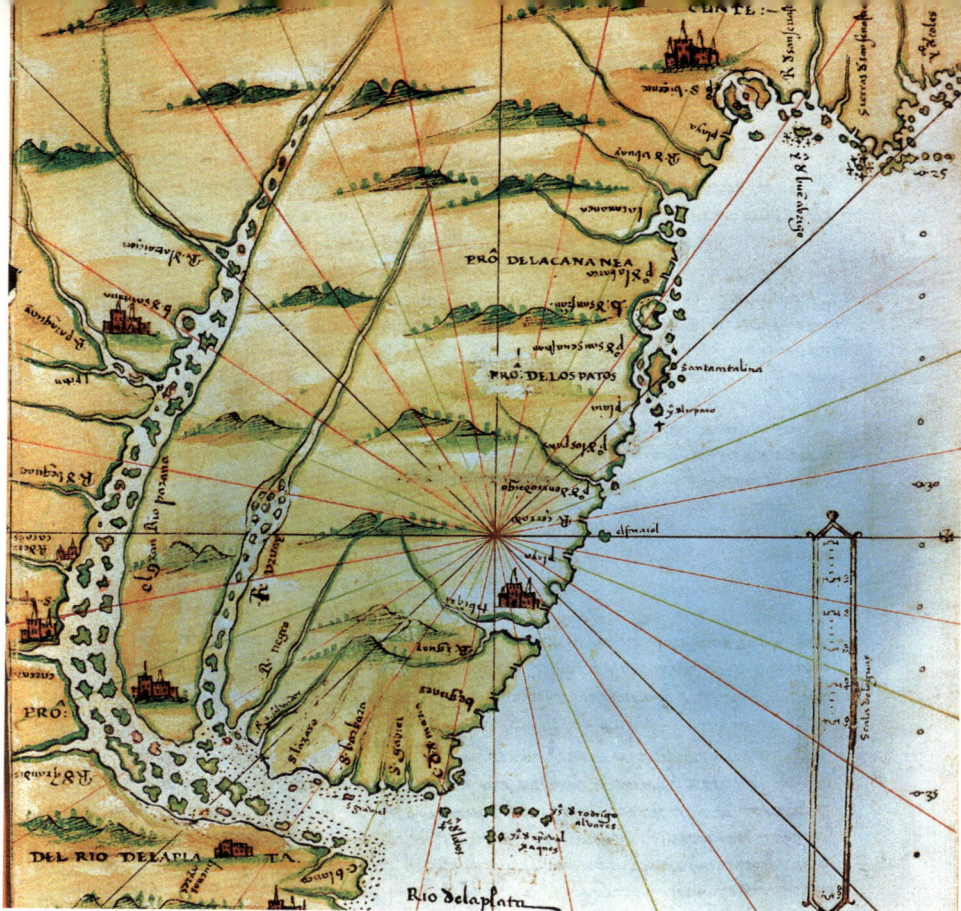

拉普拉塔河

1515—1516 年，来自卡斯蒂利亚的伟大先驱胡安·迪亚兹·德·索利斯（Juan Díaz de Solís）受西班牙天主教国王费尔迪南所托，寻找大西洋与太平洋之间的通道，在此过程中发现了拉普拉塔河。索利斯在埃斯特角城（Punta del Este）以西班牙国王的名义占领了这些土地。图为拉普拉塔河地图，选自阿隆索·德·桑塔·克鲁兹（Alonso de Santa Cruz）的《通用海陆图志》（Islario general）（藏于西班牙马德里国立图书馆）。

（Huascar）和阿塔瓦尔帕（Atahualpa）两兄弟为争夺帝国控制权而爆发皇位继承权内战之时，皮萨罗就意识到这是一个天赐良机。他入侵印加帝国，并在 1532 年建起了圣米格尔城（San Miguel）。随后，他获准与阿塔瓦尔帕在卡哈马尔卡城（Cajamarca）会晤。后者为了震慑这些外来的访客，乘坐黄金打造的御轿，在王公贵族的簇拥下，在一万名印第安臣民的追随下来到了卡哈马尔卡。不料西班牙人早已设好了埋伏，成功地将其抓获。阿塔瓦尔帕向皮萨罗提出愿意支付赎金。这事本来就这样成交了，但皮萨罗最后还是对这位印加皇帝进行审判，指控其乱伦（因为他按照印加太阳神教的教义娶了自己的姐妹）、兄弟相残和一夫多妻。最后，西班牙人将阿塔瓦尔帕处以死刑。之后，皮萨罗就向印加帝国的首都，位于海拔 3000 多米的高地之上的库斯科城（Cuzco）进发，并于 1533 年 11 月进入了该城。皮萨罗还派军前往的的喀喀湖，在那里建起了豪哈城（Jauja），并于 1535 年在沿海地区里马克河的陡岸上建立了利马城（Lima）。而其手下的部将塞巴斯蒂安·德·贝拉尔卡萨尔（Sebastián de Belalcázar）则前往大陆北部，于 1534 年建起了基多城（Quito）。

几个月后，贝拉尔卡萨尔在安第斯高原，今波哥大（Bogotá）附近，遇到了另两位征服者。其中一位是贡萨洛·希门尼斯·德·克萨达（Gonzalo Jiménez de Quesada）。他是从加勒比海沿岸出发，带着 700 人溯马格达莱纳河而上，寻找传说中一个强大印第安国家的踪迹：据说那个国家的首领经常全身敷满黄金粉下到潟湖中沐浴，以求众神庇佑；那便是神秘的埃尔多拉多黄金国（Eldorado）。结果，克萨达征服了奇布查部落，在 1539 年正式建立了圣菲波哥大（Santa Fé de Bogotá）。另一位征服者是德国人尼古劳斯·费德曼（Nikolaus Federmann）。他之前为了征服委内瑞拉花费了较长时间。先前，神圣罗马帝国皇帝查理五世（Charles Quint）把那里的一大片土地让给了德国金融家族韦尔泽家族（Welser），用以偿还部分贷款。德国人和其他欧洲人别无二致：他们同样利欲熏心，立即出发去寻找埃尔多拉多黄金国了。许多深入内陆的探险队最终一无所获。而他们于 1527 年在加勒比海岸建造的科罗城（Coro），由于气候恶劣、人烟稀少，非常萧条。因此，对委内瑞拉的殖民要等到 1545 年埃尔托库约城（El Tocuyo）建立以后才真正起步，而随着迭戈·德·洛萨达（Diego de Losada）于 1567 年领导建起加拉加斯城（Caracas），对该地区中部的殖民才算实现了飞跃。而在这块大陆的南部，一些曾经参加征服秘鲁的老兵在佩德罗·德·瓦尔迪维亚（Pedro de Valdivia）的率领下发起了对智利的征战（因为他们在那里遭到了印第安阿劳干人的抵抗，所以把那里叫作"印第安的佛兰德斯"）。阿劳干人已经学会了驾驭战马和使用火器，所以令西班牙人无法像开始那样占尽便宜，最终西班牙人只好和他们达成协议订立契约。

1541 年，未来智利的首都圣地亚哥城（Santiago）建成，这就要求西班牙人加强在智利土地上的存在，而拉普拉塔河也给他们造成了巨大的困难。在土著同盟的协助下，亚松森城（Asunción）得以建立，成了巴拉圭政府的首都。而港口城市布宜诺斯艾利斯（Buenos Aires）直到 1580 年才最终建成，它地处巴塔哥尼亚高原的门户，当时既贫穷又荒凉。

世纪中叶

到了 1550 年左右，伊比利亚的势力在全球范围扩张，令人越发难以质疑天命论。一定是神选中了伊比利亚半岛的君主们，使他们得以凌驾于世界其他君主之上。几十年前，在得知埃尔南·科尔特斯把墨西哥的大量财富进献给自己的老对头神圣罗马帝国皇帝（兼西班牙国王）查理五世之时，法兰西国王弗朗索瓦一世（François Ier）慨叹道："我真想看看亚当的遗嘱，何故把我排除在外，不让我也分一杯羹。"而葡萄牙国王更是自封为"贸易与航海之王"，体现出他对于贸易和航海采取了一种与当时其他国家迥然不同的态度。其实，早在一个世纪之前，中国就曾在印度洋展示自己的实力，其代表就是内官监太监郑和 [1] 七下"西洋"，到达了阿拉伯地区和非洲；然而，由于厌恶航海、鄙视商业的儒家官员对朝廷施压，中国的海洋贸易早早地偃旗息鼓了。还有，在马来西亚，穆斯林商人虽然可以获得和印度教徒一样的贵族头衔，却无法企及最为显耀的职位。相反，在哥伦布首次航行成功之后，卡斯蒂利亚的一些豪门显贵就想方设法要从新发现的土地上谋取利益。

再来看看世界其他地方的情况。奥斯曼帝国的扩张受到了地理条件的限制：几道海峡成为它的天然边界，而它控制的红海则扼住了连接埃及马穆鲁克王朝和印度的交通要道。向印度洋东部和南部航行时，一旦偏离那几条已知的借助季风航行的季节性航路，航海就会变得艰难而危险。波利尼西亚人生活在更加偏东的位置，堪称真正的"海洋人"，他们早就摸透了太平洋海风固有的脾性，常常逆风航行；但他们的居住点分散于新西兰、复活节岛以及夏威夷，彼此相距太过遥远，难以保持联系。这些民族就一直维持着这样的状态，直到 18 世纪英国人、法国人和西班牙人来到他们那里。

相反，大西洋却为欧洲人提供了无限的可能性。无论季节，大西洋上的信风总是按同样的规律吹往同一个方向，即从非洲西北部吹往加勒比海，或从非洲南部吹往巴西。两道信风之间的区域便是所谓的赤道平静带；从全球范围来看，无论在哪里，

---

[1] 郑和，原名马和，明初入宫做宦官，从燕王起兵立下战功，赐姓郑，任内官监太监，官至四品。——译者注

无论在赤道以北还是以南，赤道地带经常会刮强烈的西风。这样一来，招募勇猛的航海家，并通过牢牢掌控的制海权来大力促进海上贸易，就成为欧洲的一种特色。

与海上扩张形成天然乃至必然对应的陆上扩张在那时却毫无起色。在俄国，伊凡三世（Ivan Ⅲ）早在几十年前就派遣探险队去探索"暗黑之地"，目的却是去西伯利亚猎获在欧洲、中国及中亚广受欢迎的松鼠和貂等北方动物的毛皮。而当时的日本是一个典型的与世隔绝的封建王国，长期陷于大名之间的混战。幽居在京都城里的幕府将军并不知道，葡萄牙人的来犯已然不可避免。1543 年，他们终于来了。

葡萄牙商人在日本

自从马可·波罗时代以来，欧洲人就知道了远东有一个名叫"日本"的国度。1543年，葡萄牙人就来到了九州岛；不过，他们直到 16 世纪 50 年代才开始与日本进行贸易。从此，欧洲与日本的贸易就被葡萄牙人垄断。图为 17 世纪的一幅丝绸屏风，上面画的就是在日本进行商业活动的葡萄牙商人（藏于美国旧金山亚洲艺术博物馆）。

美洲城市发展史

在从征服阶段向殖民阶段过渡的时期，陆地文明与海洋文明之间的永恒冲突在新大陆上表现得越发明显。1542 年，查理五世暂时叫停了新的征服，以腾出手来对已征服的土地进行重新整治，着手应对印第安人口危机、制度混乱等问题，还要从神学和法学上来回答西班牙人乃至欧洲人在印第安人的土地上生存是否合理的问题。从此，"伟大的征服"这一页被翻了过去；随之开启的是另一个非常不同的纪元。在这个新的纪元，轮到地主、商人、总督以及主教这些角色粉墨登场了。从那时起，以古希腊罗马地中海文明为样板，同时结合在中美洲及安第斯地区传承千年的土著城市建设强大传统，建造起来的城市，就成了治理这片土地的核心要素。

西班牙帝国是一个由城市构筑的帝国。在 1580 年左右，它在美洲已经新建约 225 座功能完善、人口聚居的城市，分布于从佛罗里达到巴拿马、从巴塔哥尼亚高原边缘到亚马孙平原及安第斯山脉深处的广大区域。西班牙人通过城市建设，渐渐将美洲融进了西方历史，并在世界范围内重新构建了人口、领土与财富之间的关系。1492 年，8000 万欧洲人还住在仅仅 600 万平方公里出头的土地上。而到此时，这一面积已经增至先前的五倍；平均人口密度则降至原来的六分之一；而且，"海外有着数不清的财富和未解的奥秘"在欧洲各地都成为一种深入人心的观念。

欧洲人移民海外渐渐形成一些趋势，并稳定地保持到了 20 世纪。而美洲各地原有的文明同时迎来了难以想象的剧变浪潮。在这些浪潮的冲击下，有些美洲文明适应并幸存了下来，还有一些则彻底消失了。形形色色珍奇商品的商业贸易发展起来了；黄金和白银的交易量飙升到挑战理性的程度。

在新建的美洲城市里，法律和政策的执行是与住房居所联系在一起的。所谓居民，通常指的是一个大家庭的家长，他出身于某个知名的家族或姓氏，有房有地，拥有财产以及法律行为能力。地中海文明的父系模式被严格地照搬了过来。不过，也存在着一些女性居民，她们主要是出身于克里奥尔名门望族的女性，有的拥有印第安农奴和巨大的庄园田产，有的则是宗教人士，经营管理着拥有自治权的修道院。城市的环境虽然为不同种族的通婚提供了便利，但法律地位仍是至关重要的问题。

印第安诺城市格局

虽然西班牙治下的美洲城市各有特色，但都有一些共同点。它们的格局基本上都是棋盘式规划的，被划成一个个正方形的建筑地块。城市都是环绕着市政广场向外延伸的：市政广场是城市的核心，权力机构（市政厅、主教堂、政府）都聚集在那里，各类节庆和集市也都是在那里举行。市政广场附近街区的地块按等级分配给不同地位的居民。

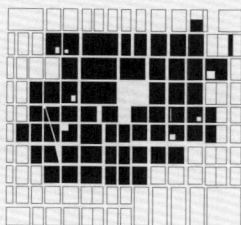

墨西哥城 按西班牙模式建设的典型的行政城市。

布宜诺斯艾利斯 海港城市，其棋盘式规划一直延伸到海边。

哈瓦那 其地势起伏不平，致使棋盘网格线的划分受到了影响。

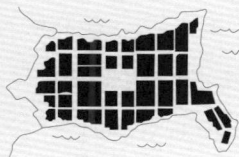

巴拿马 商业城市，为大型商店留出了空间。

卡塔赫纳 防御性城市，其轮廓以城堡为界。

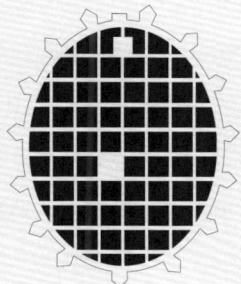

特鲁希略（Trujillo） 防御工事和塔楼划出了这座城市的界限。

比如，在智利，有一些白人征服者和印第安人结合生下了孩子。这些梅蒂斯人如果能够得到父亲的承认，就成为父亲家族的成员，成为白人精英；否则，他们就只能留在母亲的家庭里，被当作纯粹的印第安人来对待。城市为不同种族的通婚创造了便利条件，但当时的法律还是竭力要把西班牙人与土著人、非洲人隔离开来，说是为了避免受其他种族"恶习"的影响，努力保持"善良基督徒"的纯正血统。城市发展的逻辑并不是独立于乡村的：空间规划是按照从城市到乡镇、村屯等人口较少的聚居点分层级设计的。它们之间通过各级道路以及王室官道组成的交通网络联系在一起。而沿海地区的各港口城市作为连接印第安海上商路系统的枢纽，通过航海舰队构筑成一个与西班牙相连的系统，以此来保障殖民统治。

1573 年颁布的一系列人口敕令成为规范之后美洲城市发展的法律文书，其效力甚至一直持续到美洲各国独立。根据这些敕令的规定，一般城市中心都是按照方格式棋盘的几何图形来建造的。当然也存在着一些不规则的设计，比如围绕金矿或银矿发展起来的城市，那里居民的住房杂乱拥挤，因为它们几乎都是一夜之间就冒出来的。一般的城市都是围绕着一个大广场建构起来的，广场上划出四个地块，分别用于建造市政厅、主教堂或大教堂、王室或政府官邸，还有就是"征服者及卓越奠基人"（有时甚至还包括曾与白人征服者结盟的印第安首领）等名门望族的府邸。环绕着主广场的，主要是一些社交场所、集市、会议场馆和散步区域，还有举行庆祝活动和各类演出的剧院，街道横平竖直、纵横交织。街道交错形成的地块依次分配给不同地位的居民。居民必须在规定时间里建起自己的房屋，否则地块就会被收回。随着城市的建设，在市中心的这些街区以及郊区不同种族不同籍贯工匠的聚居点，渐渐出现了商业街。这些工匠中，有很多都是黑白混血儿和解放了的奴隶（指被主人释放或自行赎身获得自由的奴隶），他们在自己的家庭式作坊门口售卖自己的产品。再到后来，各类店铺、各色酒馆（在墨西哥叫作"pulquerías"，而在秘鲁叫作"chicherías"）也多了起来。印第安人的社区和领地通常位于郊区，虽有一些小路或街道相连，但与市中心相隔遥远。在城墙之内，城市一般都拥有数平方公里的空地，用于饲养牲畜、牧草种植或作为公共林地。在这片区域，渐渐建起了一些大牧场、种植园、大农场，成为城市不断扩大的开放边界。

街市的日常

美洲城市的时空分布是有等级的，不同的地点和时间都有各自的节奏。教堂等级的不同（从大到小依次为：教区主教座堂、牧区圣堂、小礼拜堂）标志着其所在区域重要性的不同。一个家庭住得离教堂越近，说明其家主越有威望：生活在城市中心就意味着享有崇高的地位、财富和社会尊重。圣徒、圣女及信徒等宗教雕像的位置向居民们清晰地描画出城市中心的范围，而教堂的钟声、弥撒以及宗教游行，点缀着日常生活并象征着时间的流逝。平日里，市政官员负责对小麦、酒水、油料及纸张等物资进行正常而公正的分配。大部分居民平时的食物，就是一些玉米、土豆、木薯、肉类或鱼干。集市开放的日

哈瓦那

该城位于佛罗里达海峡的哈瓦那海湾，始建于1519年，在16世纪上半叶曾几度被法国海盗和私掠船摧毁。1561年，西班牙王室决定，印第安海上商路的船只在启航前往西班牙之前都要到哈瓦那集合。从那时起，人们就在海湾入口处兴建了军事防御工事，使这座城成为新大陆防御最严密的城市。上图为在哈瓦那老城核心的原耶稣会修道院旧址上新建的巴洛克式大教堂的正门。

子总是和主要圣徒的纪念日凑在一起。这时，各行业的工匠就会在街面摆摊，叫卖自己的服务和产品。民众的不满情绪有时也会演变成斗殴、骚动、暴乱和劫掠。在这种发生混乱的日子里，经常有建筑物被烧毁，比如在 1692 年，墨西哥城的总督府就在当地的暴动中被付之一炬。

在"伟大的征服"之后的几个世纪里，炫富和追求时髦成了美洲城市生活的一大特征。17 世纪初，爱尔兰一位旅行者托马斯·盖奇（Thomas Gage）的记录曾引起轰动，他说在美洲"连黑人女子和奴隶都有珠宝首饰，逛街时都戴着珍珠项链和手链"。在加拉加斯，权贵家庭或拥有可可种植园的豪门富户（mantuano）的白人女子常常在去教堂参加弥撒时带上众多奴隶，以互相攀比排场，根本不把当时的反奢侈法律为反对公开炫富而规定的限制和罚款放在眼里。酒馆、酒窖以及酒肆成为或公开或秘密的休闲场所，而公共演出（主要是戏剧和斗牛）则为新大陆的城市民众提供了彼此连通的空间，增强了凝聚力。

美洲社会随即自愿或被迫地受到外来克里奥尔化的影响。一方面，大量来自其他大陆的人亟待融入美洲社会；另一方面，来自欧洲、非洲和美洲不同种族的人之间的通婚每天都在发生。由此，美洲的城市真正变成了全球化的实验室、新世界的大熔炉。

印第安海上商路

如果说美洲融入西方是通过城市发展实现的，那么海运交通则是城市得以发展的决定性因素。而为这种海运交通提供保障的，就是印第安海上商路系统（Carrera de Indias）。印第安海上商路，指的是西班牙为规划和确保横穿大西洋的交通而设置的一整套船舰运输系统。事实上，这条商路成为巨大的全球供应网络的核心，它囊括了美洲、菲律宾和中国。它也代表着对 1492 年以来积累的大西洋航海经验的传承。甚至可以说它是更加悠久历史的结晶，因为克里斯托弗·哥伦布得以实现穿越大西洋的首航，本身就凝聚了葡萄牙人和卡斯蒂利亚人在他之前围绕非洲进行的长达将近一个世纪的海洋扩张的经验。

西属美洲的种族混杂

随着西班牙人对西印度的征服，一系列此前未知的疾病扩散开来，同时社会和经济发生重组，颠覆了当地的原有的人口结构，在加勒比群岛尤其如此。欧洲殖民者和非洲奴隶的到来把西属美洲变成了一个各种族混居的世界。

种族多样和混杂是西属美洲社会的特征。由于第一代西班牙征服者来到美洲时，那里缺少欧洲女性，他们便和美洲印第安女性以及非洲女性发生关系，并和她们生养了孩子。这些孩子有的会得到他们的承认。而非洲奴隶来到美洲，更是增加了不同人种混杂的机会。所以出现了许多不同的名词，用以指称不同人种混杂生下的孩子：一半西班牙血统一半印第安血统的孩子叫作"混血儿"（métis）；一半混血儿血统一半西班牙血统的叫作"卡斯蒂佐"（castizo）；一半西班牙血统一半非洲血统的叫作"黑白混血儿"（mulâtre）；一半黑白混血儿血统一半西班牙血统的叫作"摩尔人"（maure）；一半摩尔人血统一半西班牙血统的叫作"希诺人"（chino）；一半非洲血统一半印第安血统的叫作"桑博人"（zambo）。

插图 身着舞会盛装的克里奥尔女人和她的女仆。维森特·奥尔本（Vicente Albán）画于1783年（藏于西班牙马德里美洲博物馆）。

经过了几十年节奏不规律的航行之后，从 1561 年开始，每年都有两拨船队离开西班牙驶往美洲。每年 4 月，"新西班牙（墨西哥）" [Nouvelle-Espagne（Mexique）] 船队从塞维利亚（Séville）起锚，驶向终点韦拉克鲁斯（Veracruz），而每年 8 月，"梯也拉费姆"（Tierra Firme）盖伦帆船队启航驶往卡塔赫纳（Carthagène）和波多贝罗（Portobelo）。到了来年 3 月，这些船队的所有船只都满载金银财宝齐聚于哈瓦那（La Havane），一起扬帆返航西班牙。

租赁出去的船只从塞维利亚或其外围港口出发驶往母马湾（le golfe des Juments），准备横渡大西洋。然后，它们径直随波逐流地漂到加那利群岛，在那里补充必要的给养。接着，只要没有受到任何自然或人为因素的阻碍，便乘着信风的驱使，抵达小安的列斯群岛、多米尼克或瓜德罗普。此后，盖伦帆船们便向南驶往梯也拉费姆，而新西班牙船队则掉头北上。它一般会在波多黎各靠港停泊以加满水、装满木材，然后直奔韦拉克鲁斯——这段航程通常耗时一个月。船队到达韦拉克鲁斯后，停泊在深水环绕的离岛圣胡安德卢阿（San Juan de Ulúa），因为那里适合排水量巨大的船只靠泊，并能保护它们免受北风袭扰。

船队运来的商品货物——从西班牙出发时运载的是纺织品、葡萄酒、油料、纸张、水银和奴隶，而从美洲返航时运载的是白银、黄金、宝石、靛蓝、可可、糖、木材和皮革——被分装到平底小船上转运至城中，这时城里就会举行大型商贸交易会。由于当时的卫生条件非常恶劣，货物要尽快转运至通向墨西哥城沿路的哈拉帕（Xalapa）。韦拉克鲁斯和哈拉帕都是重要的货物集散地，许多浩大的骡拉车队从那

重要的大教堂
（第 37 页）

图为墨西哥瓦哈卡的升天圣母大教堂的内部。它始建于 1535 年，即西班牙人来到该地区的 15 年之后。

里启程把所得的商品运往整个总督辖区。有相当多货物都被运送到太平洋沿岸的阿卡普尔科（Acapulco），然后从那里继续转运到菲律宾。在菲律宾首都马尼拉（Manille），来自墨西哥的白银被廉价卖给中间商，换来丝绸、香水、宝石、象牙、瓷器及香料等商品。

而航行在加勒比南部海域的盖伦帆船队常常承担着不可预料的巨大风险。它们从多米尼克驶往南美洲的真正门户卡塔赫纳（Carthagène），到了那里它们才算真正开始赚钱。而它们主要

西班牙盖伦舰队的大西洋和太平洋航线

从16世纪到18世纪，新西班牙舰队的船只和梯也拉费姆的盖伦帆船不断地把美洲的财富运往西班牙本土。它们运送的，不只是黄金和白银，还有可可、糖以及木材，同时还把西班牙出口的葡萄酒、油以及纺织品运往新大陆。而马尼拉盖伦帆船队则从阿卡普尔科出发，通过菲律宾都督辖区把美洲新大陆和亚洲连接了起来。

西班牙的主要海上航线
- 走私航线
- 梯也拉费姆舰队
- 新西班牙舰队
- 马尼拉盖伦帆船队

圣巴巴拉
马扎皮尔
圣路易斯波托西
瓜纳华托
往塞维利亚和加的斯
哈瓦那
圣多明哥
西印度的卡塔赫纳
波多黎各
韦拉克鲁斯
武里蒂卡
蒙波克斯
拉瓜伊拉
加拉加斯
往马尼拉
墨西哥城
波多贝罗
巴拿马
马麦托
波哥大
阿卡普尔科
塔克斯科
锡帕基拉
帕斯托
圣菲
洛哈
累西腓
瓦马丘科
利马
塞罗德帕斯科
卡亚俄
万卡维利卡
波多西
奥拉加
里约热内卢
奥鲁罗
和平谷
波科
桑托斯
智利的圣地亚哥
瓦尔帕莱索
布宜诺斯艾利斯

金属矿藏
- 汞
- 银
- 金

的收益还要等到抵达巴拿马大西洋沿岸的迪奥斯港（Nombre de Dios）和波多贝罗港（Portobelo）才能实现。这两个港口的位置极其关键，因为它们联系着太平洋、秘鲁总督辖区、智利，乃至拉普拉塔河。直到17世纪中后期，直接海路运输最终形成气候之前，它们的存在都是至关重要的。

波多贝罗港在迪奥斯港于1595年遭受弗朗西斯·德雷克（Francis Drake）私掠船队袭击后取而代之。它是一座位于大西洋沿岸的防御性商贸要塞，以集市著称。它也曾是跨地峡商路的起点，因为从那里出发，艰难地涉过肮脏危险的沼泽地、穿过森林中的崎岖小道，就能抵达位于太平洋沿岸的巴拿马市。

波多贝罗

这座濒临加勒比海的城市坐落在巴拿马地峡北边的一个海湾里。1502年，克里斯托弗·哥伦布在其第四次航海时发现了那个海湾。因为那里风景美丽，哥伦布就将其命名为"波多贝罗"（意为"美丽的港湾"）。1597年，在腓力二世统治下，弗朗西斯科·维拉德（Francisco Velarde）建立了这座城市，以取代条件恶劣的迪奥斯港。很快，那里就修筑起了防御工事，向聚集在其港口中准备把来自新格拉纳达和秘鲁的金银财宝运往西班牙的舰队提供保护。

成包的货物在那里被装到南方船队的船只上；它们先是驶去瓜亚基尔（Guayaquil）为基多王国供应物资，接着驶往派塔港（Paita），在那里卸下发往上秘鲁和布宜诺斯艾利斯的货，最后驶向利马的卡亚俄港（Callao）。事实证明最后这段路很麻烦，因为逆风，船队有时需要耗费数月时间才能走完这段航程，所以也经常用骡队沿秘鲁海岸运送发往卡亚俄的货物，因为这样反而比走海路更快。然后再由几艘船只从那里出发南下运送供应智利的物资。骡队也会同样用来运送经由秘鲁发往布宜诺斯艾利斯的商品，途中会经过波托西（Potosí），那是当时世界上最繁华的城市之一，对奢侈品有着永远都满足不了的需求。骡子们背负着沉重的货物，沿拉普拉塔河而下，经由胡胡伊（Jujuy）、萨尔塔（Salta）和图库曼（Tucumán）艰难前行。由于运输困难，导致商品价格大大上涨，同时也致使走私成风。

返回西班牙也是如此。在得知梯也拉费姆的盖伦帆船队抵近波多贝罗之时，秘鲁总督就会通知当地商户准备好要发出的商品，并收齐要上缴给西班牙王室的税赋白银。这一回，南方船队就要把商人们从卡亚俄护送到巴拿马，途中会停靠特鲁希略港（Trujillo）和派塔港。如果顺风顺水的话，这段行程要走三个星期。它们在瓜亚基尔与"黄金盖伦帆船"会合，再前往巴拿马。梯也拉费姆的盖伦帆船队在得到南方海舰队从卡亚俄港出发的消息后，才会离开卡塔赫纳港前往波多贝罗，以防秘鲁的白银滞留于巴拿马乃至被人劫掠。劫掠的事情只发生过一次，那是在1671年，后来的牙买加总督、当时还是海贼的亨利·摩根（Henry Morgan）攻进巴拿马，抢走了175头满载黄金、白银和珠宝的骡子。

从巴拿马出发，先用骡队取道十字架之路（camino de Cruces），随后换乘平底小船抵达波多贝罗。在那里等盖伦帆船队一到，就出发转往哈瓦那。哈瓦那是一个安全的海港，不仅拥有坚固的防御工事，还有当时世界上最好的一家兵工厂。在哈瓦那港过完冬的战舰，有时还包括新西班牙舰队，就会加入商人们的船队，一起返航西班牙。船队必须赶在8月飓风季节到来之前起锚，否则就只能待在古巴过冬了，那样虽不失为一件乐事但耗费极其高昂。船队从哈瓦那出发，穿过危险的巴哈马水道和百慕大群岛，那里通常被用作修理受损船舶的站点。到了私掠船猖獗横行的亚速尔群岛，就要出动印第安舰队的战舰为商船护航。最后，有幸平安返抵西班牙的货物和乘客就可以在加的斯（Cadix）、巴拉梅达的桑卢卡（Barrameda de Sanlúcar）或塞维利亚下船了。

领航与压阵

印第安商路上每拨船队的船只数量是有变化的：在 16 世纪中期，通常是 15～20 艘；到了 18 世纪，达到 37～45 艘；而在经济收缩期，则不超过 15 艘。每年发船的次数也是有变化的。开始阶段，是每年两拨；之后变成每年只有一拨；到 17 世纪末，更是缩减为每二三年一拨。从 1680 年至 1716 年，新西班牙船队总共只租赁出去 14 拨，而梯也拉费姆船队只租赁出去五艘盖伦帆船；之后，直到 1776 年最后一拨船队发出，其间情形一落千丈。因为从那时开始，单艘船舶出航的方式渐渐兴起。

什么样的船只适合横渡大西洋？船舶租赁行会（Casa de Contratación）对此有着明确规定。船舶租赁行会于 1504 年在塞维利亚成立，是负责组织和调控海洋交通运输的机构。按照它的标准，横渡大西洋的船只，总吨位必须达到 106 吨以上，船体至少长 18 米、宽 5 米、深 2.5 米（指龙骨到甲板的高度）。而实际使用的船只类型繁多，包括三桅战舰、邮船、双桅横帆船、三桅帆船、三桅商船、独桅帆船、三桅小帆船、有帆驳船和双桅小帆船。当然最常用的还是盖伦帆船。这种船船体修长，肋骨以橡木制成，非常坚固；龙骨长度必须是船身最宽处宽度的三倍，而船身最大宽度必须是其吃水深度（指吃水线到龙骨最低处的距离）的三倍。随着时代发展，造船技术突飞猛进，船舶吨位也不断增大。一般船只的总吨位都有 200 吨～300 吨，有些甚至能够超过 800 吨。

民用商船队航行要靠军事舰队护航。当时的战舰上装备着卡勒弗林轻型长炮、加农炮、小型鹰炮以及各种口径的炮弹。商船上一般也会装配两门青铜大炮。护航战舰的数量不一定。从西班牙出发前往印第安商路的商船队至少要配备两艘战舰。而盖伦帆船队出海时通常配置八艘武装战舰。

现在很难估算这些船上到底有多少门炮，不过我们知道当时一支八艘船的舰队可以承载 260 门炮。在这些船舶中，有一种特别的船只，叫作"银盖伦帆船"，从

沉睡在海底的文化遗产

有许多从美洲启航前往塞维利亚的船只永远到达不了自己的目的地。它们有的遭遇了风暴，有的碰到了英国或荷兰等对手的海盗或私掠船，而葬身于海底。"阿托查圣母"号（Nuestra Señora de Atocha）盖伦帆船就是如此（右图中，这艘帆船正停靠在哈瓦那港进行紧张的装货作业）。它于 1622 年满载珍宝遭遇风暴而沉没。1985 年，人们在佛罗里达沿海发现了这艘沉船。

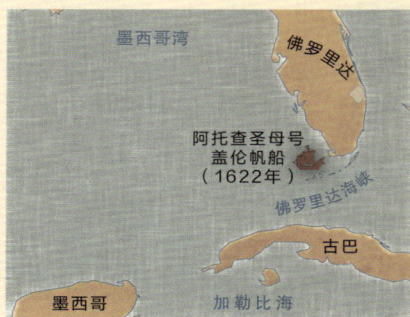

墨西哥湾

佛罗里达

阿托查圣母号
盖伦帆船
（1622年）

佛罗里达海峡

古巴

墨西哥

加勒比海

波多贝罗或韦拉克鲁斯出发，承担着从美洲返程运输贵金属（黄金、珍珠和宝石，尤其是祖母绿宝石）的任务。直到 1640 年之前，银盖伦帆船都是每支舰队的首舰和旗舰。它们在出航时，通常装备着 20~26 门青铜大炮，而护卫舰只上则装备 20~22 门大炮。后来，装备的炮数随着船舶吨位的增加而增加，来自圣马科斯（San Marcos）的 800 吨位的大船上装备了 44 门大炮，就是为了从瓜达基维尔河的大西洋入海口溯流而上直达目标港口塞维利亚。

17 世纪初，新西班牙的一支船队大约可以运载 2250 人，其中包括"海员和战斗人员"，即船上工作人员。每艘船上至少有 60 名工作人员。战斗人员包括炮兵和步兵；而海员需要承担与航行直接或间接相关的各个岗位的工作，包括：

海底的财富 从15世纪末到19世纪初，有很多西班牙盖伦帆船最终未能回到港口。2009年，西班牙海军对于它们带到海底的财富进行了一次估算。根据估算，随沉船沉入海底的黄金白银总价值高达1000亿欧元，而它们在文化层面的价值更不可估量。

金币和金锭 "奇迹女神"号（Nuestra Señora de las Maravillas）就是一艘沉睡在海底的盖伦帆船。它曾是梯也拉费姆盖伦帆船队的旗舰，于1656年在巴哈马海域沉没。1972年，人们在那里打捞起了一些金币和金锭，只不过是它所运送的财富中极小的一部分。

驾驶员、牧师、船副、食品贮藏管理、警卫、外科医生，以及填补船缝和潜水；此外当然还有纯粹意义上的水手，包括资历深浅不一的水手。在1630年左右，首舰上一般配置约280名工作人员，而旗舰配置250名。负责整支航海舰队的舰队长以及他手下的步兵队都在首舰上，首舰的船尾还装着艉灯，在汪洋大海上为跟随在自己身后的舰船指示航路。舰队长由国王委任，一般都是贵族出身，能收到关于航行路线的秘密指令，帮助他在发生海战时（这是经常发生的情况）作出最佳的应对。他也能收到间谍发来的情报，因此免受攻击，减少损失。旗舰负责在航行中为舰队压阵，等待或援助掉队的船只。首舰和旗舰一般每天联络两次，或至少尝试联络两次。

16 世纪的西班牙客船

西班牙王室认为，必须对移民美洲加以控制和约束。想要移民美洲者，必须事先向船舶租赁行会申请登船许可，后来到 16 世纪中期改为向印第安委员会申请许可。因为经常有偷渡客，所以每个人都得接受没完没了的搜身检查。最初几年，移民美洲的几乎全部是男性；但这种情况不久之后就得到了改观，到了殖民开始 50 年后，女性就占到了移民的一半了。移民美洲的，不光有西班牙人，还有欧洲其他国家的人以及非洲人，他们纷纷前往美洲与当地的土著人混居在一起。

可怕的船上生活

对于绝大多数乘客（他们中很多人在登船进行如此漫长的旅行之前，从来没有出海航行过）来说，印第安海上商路上的航行简直是集一切难言痛苦之大成。所以，在欧洲语系中，"当上掌舵的"或"成了老水手"意指在经历了"麻木"或"昏睡"后幸存下来，它们饱含了欧洲人在前往热带地区的途中遭遇各种可怕疾病折磨的辛酸苦痛。

令人感到焦躁不安的一个主要原因，是航程极其漫长。当时，在西班牙和美洲之间往返一次，平均要耗时 18 个月。从西班牙的加的斯横渡大西洋前往美洲的韦拉克鲁斯，一般要花 75~85 天，有一些航行甚至耗时长达 153 天，最快的也要 60 天左右。返程航线耗费的时间更长，平均要 128 天，最长的要 298 天，最短的也要 70 天，接近去程的平均耗时。从韦拉克鲁斯乘船去哈瓦那，运气好的话，需要 25 天；运气不好的话，可能要 112 天。一般来说，从梯也拉费姆去加的斯，100 天的航行是必不可少的，而返程更加艰辛、更加危险，耗时在 65~148 天不等。

登船横渡大西洋的乘客分成两类：一类是有印第安旅行许可证的乘客，他们在登船时都有亲人相送，或有一群随从、仆役及奴隶护送；还有一类是偷渡客，他们躲在船帆或缆索设备里，启航后常常会因为海风吹动船帆而掉落下来，摔在甲板上。船长一般会给这些偷渡客提供吃喝，但如果他们在起锚之前被船长发现，就会被赶下船去，而且可能被判处到非洲服六年苦役外加充军三年的刑罚。如果他们当过水手，船长可能会招他们当见习水手。

之所以有这么多偷渡客，是因为许多船长、随船军官以及船组人员直接参与组织了偷渡大西洋的非法活动。以至于 18 世纪初，当新任秘鲁总督、圣布沃诺亲王卡尔米纳·尼古拉奥·卡拉齐奥罗（Carmine Nicolao Caracciolo）随船队前往美洲赴任之时，就在他乘坐的那艘"圣罗莎"号上，除了 715 位合法乘客之外，还搭载了 300 多个偷渡客。偷渡客数量如此众多，很可能会导致船上准备的食粮不足，从而使整船人的生存陷入危机。

只要上了横渡大西洋的航船，所有的人都要面临同样的危险：暴风雨、触礁、搁浅、超载、糟糕的船况、驾驶员和船员能力不足或懒惰怠工、火灾、战争时期遭受敌舰的攻击、和平时期遭遇海盗船、私掠船或海贼船的攻击。从 16 世纪到 18 世纪，难得有一次横渡大西洋是顺顺利利的。风险最高的地区是加勒比海域。统计数字表明，在印第安海上商路开辟后的第一个世纪里，有一半的海难都集中在韦拉克鲁斯、坎佩切（Campeche）以及佛罗里达半岛附近的海域。四分之一的海难发生在古巴和圣多明哥（Saint-Domingue）周边区域。而在塞维利亚及其外围港口（一般是安达卢西亚沿海的码头，通常在船舶受到追击或发生危险时启用）发生的海难只占总损失的 20% 不到。在 18 世纪，从美洲返航西班牙的航行中，有 10% 的遇难船只沉没在安达卢西亚沿海，5% 沉没在亚速尔群岛海域，17% 沉没在大安的列斯群岛及其周边海域，12% 沉没在弗吉尼亚沿海；而在巴哈马水道（那里分布着许多岩礁，包括臭名昭著的维斯凯诺礁、瓦卡斯礁以及维博拉斯礁）出事的船只数量占到了遇难船只总数的 44%。

船上空间缺乏，不可能让所有的人都舒舒服服的。位于船尾的主船舱通常由船长和随船步兵队长居住。船尾另三间客舱分别属于驾驶员、船东和财务官（如果是首舰或旗舰，这最后一间客舱则需要和瞭望员及联络员分享）。在商船上，一百多人挤在两个人货混装的底舱里。贮藏舱是用来储存食粮或急救物资的。而其他旅客、货舱装不下的货物还有大炮都装在甲板间的统舱里。

军官及有一定地位的乘客可以在发生危险时躲进船尾的主船舱或上层舱避难。锅炉位于船只的前楼。船上吃的都是热量非常高的食物，而且只有启航后的头几天有水果和蔬菜。每个星期的菜单都包括五种不同的套餐，我们现在知道它们的主要食材是什么。星期日、星期一、星期二和星期四，都是以肉食为主，包括饼干、培根和咸肉，配一份鹰嘴豆米汤或菜豆豌豆蚕豆炖肉。星期三和星期五则是吃鱼的日子，包括饼干、鳕鱼，配油和汤。星期六是奶酪当家，包括饼干、奶酪，配油和汤。

每天分发给每个乘客的固态食物不超过 750 克，另外每人每天可以得到三升水。这样的食物对于生病的乘客来说难以下咽、难以消化。所以如果他们的病情恶化或正处于康复期，就可以享受到特殊的食谱，包括白饼干、粗面粉、鸡肉或羊肉、鸡蛋、杏仁和葡萄干。称量分配食物都是公开进行的；每天，食物分配官在确认每个乘客身份后，把当天的食物分发到其手中。食品贮藏管理员和炊事员协助食物分配官进行这项工作，另有一位文书员配合记录每天分发的食物数量。

疾病肆虐

船上的卫生条件极其恶劣：成群的老鼠在贮藏食物的舱室横行出没。渐渐就有人患上各种轻重程度不等的疾病：出血症、腹泻、痢疾、"说胡话"、痉挛抽搐。还有斑疹伤寒（也叫作"船热症"）以及坏血病（或者叫"维生素缺乏症"）；这些都

西班牙向新大陆的移民潮

从 16 世纪到 17 世纪，有许多西班牙人离开故土，到哥伦布发现的陆地上去奋斗打拼。不过，移民的过程并不自由：必须获得西班牙王室颁发的许可。

对美洲殖民属于西班牙卡斯蒂利亚王室提出的一项计划，受到西班牙法律的制约。虽然在一开始，尤其是在哥伦布第三次前往美洲时（1498年），还不得不征调囚犯来充当士兵和殖民者，但很快，随着新大陆的消息传回西班牙，移民新大陆渐成潮流。从1503年起，要想去美洲旅行，就必须向船舶租赁行会提交申请。行会的官员会从申请者中遴选具有专长的人士，而阿拉伯人、犹太人、异教徒和吉卜赛人的申请都会被拒绝。尽管法律上有诸多限制，但新大陆还是很快就迎来了来自世界各地各种族的人们，因为人们总能找到规避法律的办法。西班牙王室鼓励农民和手工匠人移民美洲，同时相对于孤身移民，更加提倡举家移民。查理五世甚至颁布法律，强制要求独自前往美洲的已婚男子返回欧洲把妻子也接过去。

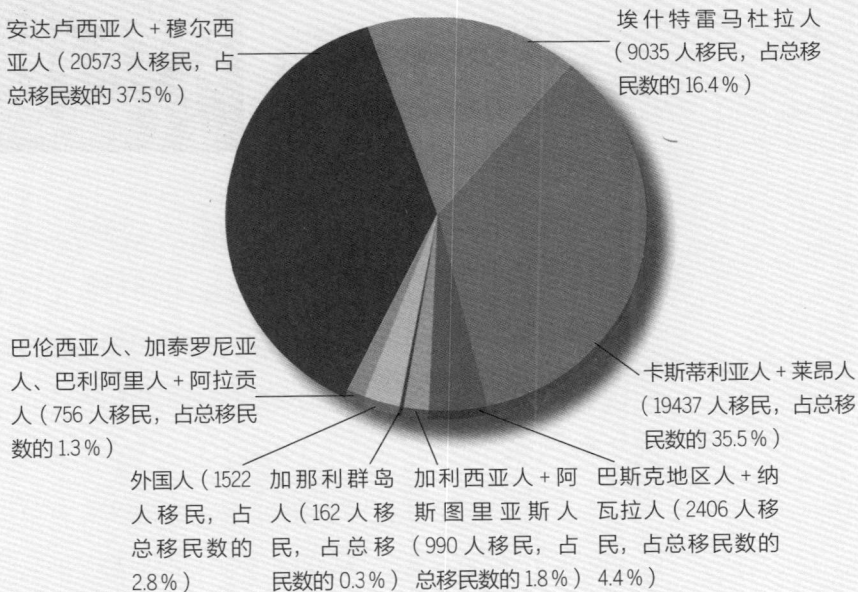

安达卢西亚人＋穆尔西亚人（20573 人移民，占总移民数的 37.5 %）

埃什特雷马杜拉人（9035 人移民，占总移民数的 16.4 %）

巴伦西亚人、加泰罗尼亚人、巴利阿里人＋阿拉贡人（756 人移民，占总移民数的 1.3 %）

卡斯蒂利亚人＋莱昂人（19437 人移民，占总移民数的 35.5 %）

外国人（1522人移民，占总移民数的 2.8 %）

加那利群岛人（162 人移民，占总移民数的 0.3 %）

加利西亚人＋阿斯图里亚斯人（990 人移民，占总移民数的 1.8 %）

巴斯克地区人＋纳瓦拉人（2406 人移民，占总移民数的 4.4 %）

移民来源　这张图反映了移民美洲潮流初期的一个值得注意的事实，即绝大多数移民来自西班牙王室掌控的卡斯蒂利亚等地区（主要是安达卢西亚人、卡斯蒂利亚人以及埃什特雷马杜拉人）。然后是加泰罗尼亚人、巴伦西亚人和马略卡人。开始的时候还提出过一项规定，即阿拉贡王室的居民被禁止前往新大陆；但实际上，这项规定从未真正实施过。

死在海上：移民的恐惧

1624 年，安东尼奥·巴斯克斯·德·埃斯皮诺萨（Antonio Vázquez de Espinosa）神父在其《1622 年随新西班牙及洪都拉斯舰队航海旅行》（*Voyage et navigation de la flotte de Nouvelle-Espagne et du Honduras en l'an 1622*）中讲述了遭遇海难的悲惨时刻。

"接下来的一夜……在百慕大群岛附近，从东偏东北方向刮起风来，风力强劲，大海随即疯狂地掀起巨浪……恐怖的强风暴持续了至少36个小时……风暴无情地卷起如重山般的浪峰，侵扰着、围困着、攻击着可怜的船舶和悲哀的乘客，令他们根本无处可逃。正如我所说的那样，大海和巨浪与狂风互相碰撞着、撕扯着，在晦暗迷茫中纠缠着……最可怕的，还要数那些恐怖的鲨鱼，它们因为在这激荡的海上尝到了从我们船上落入海中的火腿和肥肉而兴奋不已，纷纷挤到船舷旁边，只等着哪个可怜的家伙掉下去成为它们的猎物。"

插图　《暴风雨中的海难》。雅各布·阿德里亚恩斯·拜勒瓦（Jacob Adriaensz Bellevois）创作于1665年左右（藏于法国里尔工艺美术博物馆）。

是导致船上人员死亡的常见病症。在胡安·包蒂斯塔·德·马斯卡鲁阿（Juan Bautista de Mascarúa）的船队（1698—1702 年）和胡安·德·贝拉斯科（Juan de Velasco）的船队（1698—1702 年）上，分别有 22%（457 人中死亡 100 人）和 27.5%（303 人中死亡 73 人）的乘客死亡。

一旦船上有人得了流感、麻疹、天花或梅毒，就要对他们进行隔离。隔离是为了预防这些疾病扩散而必须采取的措施，但又会令这些横渡大西洋的乘客陷入更深的焦虑，因为这样一来，即使陆地已经近在眼前，他们也被迫继续待在船上。会有一些医生上船来为他们服务。这些医生会给他们开出一些药丸、药膏和香脂，会"生生切开"他们的伤口，或

者给他们开出一些离奇的东西，其中一些有时更接近巫术，而不是医学。像"蜥蜴油、黏土油、煤灰精、鹿角精、青蛙膏、蝙蝠膏、蟹眼粉、处女奶"，统统都是那些行走在印第安海上商路的医生所兜售的灵丹妙药。

艉灯

16 世纪的双桅战船和盖伦帆船的船尾都挂有一盏艉灯，以向同一片海域中航行的船只指示自己的位置。图为圣克鲁兹侯爵阿尔瓦罗·德·巴赞的旗舰艉灯（藏于西班牙马德里航海博物馆）。

档案：海上战争与海洋霸权

在古代和中世纪历史上，从来不乏著名的海战。而到了现代，海上冲突在技术和战术上都取得了显著的进步。

18世纪 60 年代，法国首相舒瓦瑟尔公爵（duc de Choiseul）曾经写道："在今时之欧洲，决定各国陆上实力平衡的，是其殖民地与贸易，换言之是其在海上的实力。"他的看法当然是对的，但并无新意。实际上，几百年来，大探险和贸易扩张导致的海上对抗，早已把欧洲人内部的矛盾冲突带到了新发现的世界之中。

海上扩张、私掠许可证以及海上劫掠之间的共生关系诞生于 16 世纪下半叶西

阿尔瓦罗·德·巴赞

1582年7月26日，阿尔瓦罗·德·巴赞（上图）指挥西班牙舰队在亚速尔海域打败了法国军队。就是在这场战役中，盖伦帆船第一次被用作战舰（藏于西班牙马德里航海博物馆）。

特塞拉岛战役 亚伯拉罕·斯托克（Abraham Storck）于1675年左右创作的这幅布面油画描绘的是第三次英荷战争中的一场战斗（藏于英国格林威治的英国国立海洋博物馆）。

班牙国王腓力二世（Philippe Ⅱ）对英国女王伊丽莎白一世（Élisabeth Iᵉʳ）的战争以及在菲律宾进行的对荷兰叛乱者的战争。16世纪60年代，奥兰治的威廉一世（Guillaume Iᵉʳ d'Orange）鼓励"海上无赖"（泽兰、荷兰以及弗里斯兰的水手和渔民）去攻击各国的沿海城市，在各国海岸线伺机劫掠。这样看来，谁在技术、战术和策略上的创新能力最强，海洋就属于谁。西班牙人之所以能够长期保持优势，主要是因为他们拥有一种极其出色的船舰：盖伦帆船。这种船舰在16世纪不断得到完善，既是一种牢固稳定、运载能力大的商船，又是一种火力强大、灵活机动的战舰，可谓集二者长项于一身。16世纪下半叶，盖伦帆船对海上战争产生了重要影响。在1582年的特塞拉岛战役中，西班牙人把盖伦帆船改装成武装战舰，毫无疑问地取得了胜利；而这场战役最让人惊讶的，是双方参战船只的数量之多：阿尔瓦罗·德·巴赞（Álvaro de Bazán）率领的西班牙舰队部署了25艘全副武装的战船，迎战菲利普·斯特罗兹指挥的由60艘船只组成的法国舰队。而六年之后，即1588年，西班牙无敌舰队在英西战争中遭遇了惨重的失败。这场战争，双方也调动了巨大的力量：每一方都部署了几百艘船舰、2000多门大炮以及数万名水手、炮手和士兵参战。不过，如果把这样一种物资及人力动员能力当作欧洲各国在16世纪的发明，那就大错特错了。

最早在海战中使用大炮的是中国人。从公元8世纪开始，中国人就喜欢采用从战船上发射抛射弹的战术以避免与敌舰进行接舷作战。在公元1000年后不久，宋朝的海军就有大量装备了投石器或投射器的帆船。14世纪末，中国人在离南京不远的地方大量生产用于海战的射石炮。天朝帝国的每一艘战船都装备了50门不同类型的大炮以及1000颗左右的圆炮弹。大名鼎鼎的郑和远航索马里和亚丁湾以及征服斯里兰卡时就使用过这些武器装备。但从1432年开始，随着腐儒文官在朝廷得势，主张开展海洋探索的一派受到压制，中国人退回到他们的陆上堡垒，直到19世纪都没有再出来过。不过，中国战船火力之强大，堪称当时世界战舰之典范，更是被欧洲人描绘得神乎其神。

其实，中国的皇帝们明白掌握大炮的重要性，但他们也清楚想要有效地使用大炮何其困难。所以，后来中国人在打击侵扰其沿海地带的海盗时，并不使用火器，因为无论是对于火枪还是对于大炮，他们都没有信心。一方面，要为火枪大炮搞到合适的弹药装备非常困难；另一方面，在开火时，火枪和大炮自己经常发生爆炸。何况想要在汪洋大海上命中目标，根本就是异想天开。16世纪，远东海战用的还是传统的方式，也就是用弓弩、长矛、刀剑相搏以及派出大量士兵一齐冲上敌船，而船上的大炮主要起一个威慑的作用，实际上很少使用。这样一种态度，在当时那些对亚洲军事技术水平推崇备至的欧洲人看来，简直是不可理解的。欧洲人无法倚仗数量取胜，就只能追求在质量上胜出。他们从一开始就重视打击的猛烈性和有效性，比如1503年，瓦斯科·达·伽马对印度的卡里卡特就进行了无情的炮轰，史料记载"铁弹与炮火如狂风暴雨般袭击了那座城市"。海战正在发生一场革命。

双桅战船与盖伦战舰

几乎在整个 16 世纪，欧洲的主要战船都是地中海双桅战船。这种战船需要用桨划动，所以侧舷容易受伤，只能从正面而非侧面发动攻击。这种战船不可能把大炮安装在侧舷，但可以把它们装在艉楼上，或者在甲板上搭炮台。双桅战船通常搭载的是一门 60 磅青铜炮、两门 16 磅青铜炮以及 15 门更小口径的大炮；这样就组成了相当强大的联合火力。最大的那门炮的最大射程接近 3000 米，但操作起来十分复杂。

在地中海上，一般的帆船在面对这些双桅战船时总是没有招架之力；可到了大西洋上，情况就发生了逆转。因此，威尼斯人对其加以改良，造出了一种特别的帆桨大战船：它可以同时靠风帆和划桨驱动，除了在船艏和船尾安装了八门重炮之外，船身两侧也装备了七门以上大炮。这样一来，它就变成了一种可怕的战争武器。1571 年的勒班陀海战充分说明了这一点。据说当时，土耳其人把六艘威尼斯帆桨大战船误当作商船，对它们发起攻击。结果证明这是一个严重的错误。威尼斯帆桨大战船发起反击，猛烈的炮火与船上部署的步兵队相互配合，击沉了土耳其人的 70 艘双桅战船。后来，双方（一方是西班牙、威尼斯、萨伏瓦、热那亚、马耳他骑士团以及教皇国组成的联盟，另一方是奥斯曼帝国）在这场战争中一共投入了约 400 艘战船和 16 万兵力。双方一直打到弹药耗竭，士兵们只能开始互相投

近代史上的重大海战

1571年10月7日

勒班陀海战　在这座希腊城市的海面上，土耳其人在阿里·帕夏（Ali Pacha）的指挥下迎战奥地利的唐·胡安（Don Juan）统领的基督教联军。后者最终获胜。而土耳其折损了30000人和190艘战船。

1639年10月21日

唐斯海战　这场海战是西班牙海军与荷兰海军在英国海岸的唐斯锚泊场展开的。西班牙几乎损失了整支舰队，并有6000多人战死。

1798年8月1日

阿布基尔海战　英国海军纳尔逊上将（Nelson）在埃及地中海阿布基尔湾沉重地挫败了布律埃斯·代加利耶（Brueys d'Aigalliers）统率的法国舰队。法国损失了将近4000人。

1805年10月21日

特拉法加海战　为了推翻拿破仑，英国与俄国、奥地利、那不勒斯以及瑞典结盟，将一支舰队交由纳尔逊指挥，在加的斯海湾粉碎了法国和西班牙的联合舰队。

波塞冬　古希腊神话中的海神。图为16世纪热那亚一艘船只的船艏雕像。

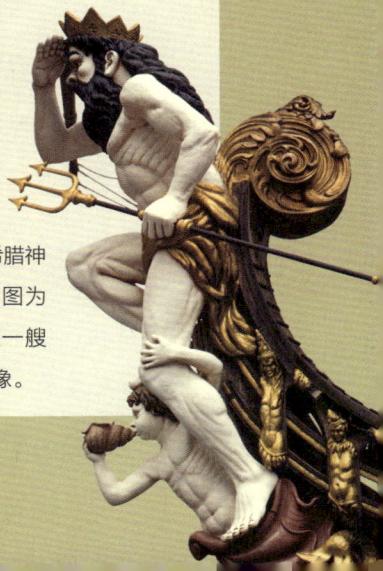

盖伦帆船：16、17 世纪的海上霸王

　　航海前往美洲，促使人们对既有船舶的形态进行反思：人们需要一种集大帆船的承载容量和快帆船的可操作性于一身的船舰。结果就出现了盖伦帆船。从16世纪末始，贯穿整个17世纪，都是盖伦帆船承担着对从美洲发往西班牙本土的财富加以运输和保护，也是盖伦帆船保障着马尼拉和墨西哥各港之间的联系。与葡萄牙人设计的快帆船不同，盖伦帆船主要是由西班牙人设计的，随后很快就被其他欧洲海上强国仿效。比如在瑞典的盖伦帆船中，有一艘名为"瓦萨"（Vasa）号，本来是作为瑞典舰队的旗舰而建造的，结果在1628年8月10日的首航中就沉没了。1961年，它被打捞出水，成为唯一一艘留存至今的真实的盖伦帆船。

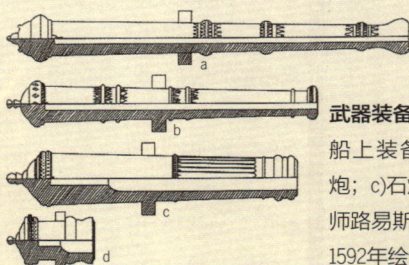

武器装备　16世纪的西班牙盖伦帆船上装备有：a)轻型长炮；b)火炮；c)石炮；d)臼炮。图为军事工程师路易斯·科拉多（Luis Collado）于1592年绘制的图纸。

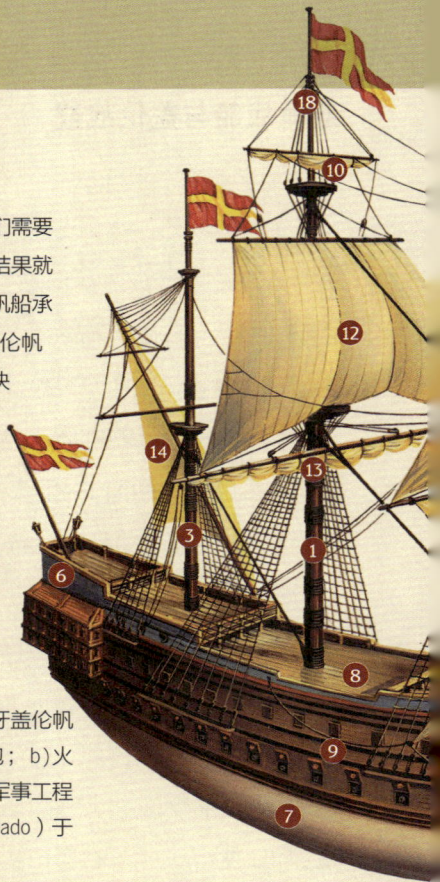

掷橘子和柠檬。亲历者这样描述那地狱一般的景象："海面漂满了杂物，不仅有桅杆、横桁、船桨等木船的残骸，还有数不清的尸体，整个大海都被染红了，成了一片血海。"光是奥斯曼帝国舰队一方，就损失了200艘炮船和3万兵力。

　　不同的地理环境提出了不同的创新要求。在16世纪中期，那些拥有众多深水港的北海及英吉利海峡沿岸国家，因为行动范围受限，战船操作性和武器装备差，所以还只能勉强自卫；而葡萄牙和西班牙（它们在1580—1640年由同一个王室统治）的船舶已经驶向了天涯海角。它们的盖伦帆船既是战舰也是商船，有着尖尖的船头、水线低、吃水浅，适合远洋航行。16世纪20年代，它们的自重一般来说还只有250吨，到了后来，它们的自重翻了一倍。1588年，西班牙"无敌舰队"遭受失败，显然是英国人更加熟悉战场环境、他们的战船操作更加灵活、他们的炮击术

❶ **大桅** 盖伦帆船上最高的主桅杆，立于船身中部。

❷ **前桅** 离船艏最近的桅杆。

❸ **后桅** 三桅大帆船上离船艉最近的桅杆。

❹ **艏斜桅** 从船艏以几近水平角度伸出的桅杆，作用是支撑前桅。

❺ **船楼** 立于盖伦帆船上层甲板前部。

❻ **艉楼** 立于船只后部甲板上。它包括各种舱室。

❼ **龙骨** 它是盖伦帆船的脊柱，从船艏延伸至船艉，支撑着构筑船身的所有肋骨和艉柱。

❽ **甲板** 沿船侧搭架的分层楼板，其中最主要的是上层甲板。

❾ **甲板下的武器** 下面几层甲板装备着不同口径的大炮。

❿ **大顶帆** 张挂于大桅上的方帆，位置在第二层方帆之上。

⓫ **小顶帆** 张挂于前桅上的方帆，位置在第三层帆之上。

⓬ **第二层方帆** 张挂于船只大桅上的船帆，位置在顶帆和大帆之间。

⓭ **大帆** 船只的主要船帆，呈矩形，张挂于大桅上，位置低于第二层方帆。

⓮ **后桅帆** 张挂于后桅上的梯形帆，用于应对各种不利的风向。

⓯ **第三层帆** 张挂于前桅上的方帆，位于前桅帆和小顶帆之间。

⓰ **前桅帆** 张挂于船艏的前桅上的大帆。

⓱ **缆索** 船上所有用于支撑、固定和调节桅杆的缆绳。

⓲ **桅头** 桅杆末端最细的一截，用来悬挂旗帜或标志。

⓳ **船艏雕像** 每艘船都有一尊用木头雕刻成的雕像，安装于艏斜桅下方。

更加高超（英国人的战舰上配备了适合进行连续排射的炮架）等多重因素所致的。更重要的转变是战术层面上的：从那时起，排出齐整阵形进行长程远射就成了海上战斗的标配。直到蒸汽船出现之前，在这方面就没有再发生过大的改变。

防御系统

从那时起，人们就有了这样一种经验，那就是战舰上必须尽量多装备大炮，"因为大炮可以摧折敌舰的桅杆和横桁、洞穿撕裂其舰身，使其沉没"。掌握了远距离炮击术就能在海战中掌握主动，至少在防御性海战中就是如此，因为进攻中机动性至关重要。这一原则，是由葡萄牙人在15世纪确立的，而17世纪的世界海洋新霸主荷兰进一步将其发扬光大。1600年，荷兰人在发明了新型的三桅战舰之后，开始组

自成体系的加勒比地区防御要塞

　　1492年12月，在"圣马利亚"号大帆船沉没后，克里斯托弗·哥伦布用剩余物资在今天海地的领土上建起了一座堡垒，他将其命名为"耶稣诞生堡"。虽然这座堡垒存在的时间很短，遭遇也很惨（1493年，当哥伦布再次来到此地时，发现这座堡垒已经被当地的土著人毁掉了，驻扎在其中的小队都被杀死了），但它拉开了在美洲土地上修筑防御要塞的序幕。一开始，它们的作用是保护在美洲征战的殖民者，不久之后，效忠于欧洲各海洋强国的私掠船在这一带的活动变得越来越猖獗，迫使西班牙王室大力兴建防御要塞，以保护其在这块大陆上的财产以及通往其本土的海路交通。当然，这些要塞也不一定能够实现防御的目的。16世纪英国弗朗西斯·德雷克的私掠船队和17世纪海盗亨利·摩根发动的进攻就暴露了这种保护体系的弱点。不过，1741年，英国人爱德华·弗农（Edward Vernon）率部攻打美洲的卡塔赫纳要塞就遭到了失败。他们本来坚信自己能够夺取那个要塞，甚至已经提前铸造好了要在那里流通使用的钱币。

　　插图　上图为16世纪工程师胡安·巴蒂斯塔·安东内利（Juan Bautista Antonelli）为哈瓦那市设计建造的埃尔·莫罗堡（El Morro），曾于1537年和1538年遭受法国私掠船队放火抢掠。左图为在接舷作战时使用的美洲战斧。

建能够进行超长程作战的远洋舰队。这种三桅战舰中，最常见的为300吨位、装备40门大炮的战舰。它们行动迅速、装备精良，惯于以成排正面攻击的方式消灭敌舰；当时与它们抗衡几无可能。1639年的唐斯海战说明了它的杀伤性：它们把西班牙舰队53艘战舰中的40艘送入了海底。

在那时的海战中，对阵两军舰队常常面对面一字排开，互相进行猛烈的炮轰，然后全速冲锋以摧毁对方。当时的英国人还只能亦步亦趋地对这种海战战术理念进行抄袭和改进。不过不久之后，他们就拥有了一支适合远洋航行的舰队，其速度更快、行踪飘忽不定。那是一支由数百艘三桅战舰组成的舰队，对荷兰人的海上霸权形成了巨大的威胁。1655年，在占领牙买加之后，英国人就对加勒比海域形成了长期的威胁。在这种独特的背景下，西班牙人选择了一种不同的策略。

西班牙人意识到，要维持一支在全世界范围行动的军队，耗费过于昂贵。所以他们认为更合适的办法是对海军的任务加以分解，使各部专司其职。在这种策略的指导下，西班牙人在太平洋、加勒比海域和大西洋分别建立了护航舰队，即南方海舰队、巴洛文托舰队和亚速尔舰队。不过，对西班牙成就海上强权起到决定性作用的，是它从16世纪80年代开始就在许多战略要地建造起的堡垒林立、战壕密布、固若金汤的防御要塞。

这些防御要塞的建造，既传承了欧洲建筑的传统，又在材料和技术上根据热带地区的实情进行了相应的改变。所以有一些专家提出，这是一种美洲特有的防御要塞建造流派。另一些专家则对这种观点进行了反驳，他们认为这不过就是把意大利地中海建筑的传统简单地照搬到了新大陆而已。军事工程师世家安东内利便是这些防御工事的奠基者。其实，这两派的观点都有其道理。随着时代发展，美洲修筑的防御要塞出现了一种"克里奥尔化"现象，也就是对肇始于欧洲的建筑原则进行了本地化的改良。

军事工程师巴蒂斯塔·安东内利（Battista Antonelli）是跟着他的兄长吉奥瓦尼·巴蒂斯塔（Giovanni Battista）（主要是在西班牙和北非）学习了修筑防御要塞的技术。毫无疑问，他可以被视作加勒比地区防御要塞最早的建造者。

1586 年，西班牙国王腓力二世命令他"检查美洲海岸各地，寻找适合兴建要塞和城堡之地"。在接下来的很多年间，他一直在巴拿马、卡特赫纳、古巴、圣多明哥以及佛罗里达等地开展这项工作。许多海盗，特别是英国、法国和荷兰的私掠船，都曾经在哈瓦那或波多黎各防御要塞的铜墙铁壁前碰了满鼻子灰。当然，有的时候，这些海盗也取得了不俗的战果。

弗朗西斯·德雷克（Francis Drake）就是其中之一。他是一位典型的伊丽莎白时代的骑士，也是英国第一批无所顾忌的冒险家的代表，集英勇无畏的航海家、久经战火的老战士以及雄心勃勃的贸易商三者特质于一身。德雷克的独特之处在于，和传奇小说中刻画的那种崇尚无政府个人主义的海盗形象相反，他把自己视作正规的战士、自己国家君主的代表。把他叫作"海盗"是对他最大的侮辱，因为作为私掠船长，他的身份是得到伊丽莎白女王承认的，而且这个身份拥有相应的权利和义务。

在死后，德雷克被笼罩上了荣耀的光环。在与西班牙对抗了近 30 年后，他在进攻波多黎各圣胡安的战斗中被打败了，随后死于巴拿马大西洋沿岸的波多贝罗。虽然他的形象确实受到了英国维多利亚时代民族主义的美化，但他在他那个时代的确享有很高的声誉。德雷克先后当过航海家（他在 1580 年完成了英国第一次环球航行）、船长、奴隶贩子和政客。如果抛开这些标签，德雷克及其追随者们（冒险家、海盗以及海贼）的这种私掠行为可以被理解为欧洲人海洋进取精神的一种不够规范的表达。的确是那个时代的欧洲人以一种可怕的效率发展出了海盗这个行业，而这种活动随后便在全世界普及开来。

迈向 18 世纪

西方在世界范围内取得海上军事霸权，是建立在对军队及舰队组织方式进行根本改变、取得重大发展基础上的。从 1530 年开始，欧洲各国王室官僚系统就开始招募海员和士兵，并为造船工厂和海军士官提供资助，使它们的舰队得以壮大起来。在 1670—1710 年间，专制制度蓬勃发展巩固了各国的君主统治。而同一时期也是海盗行业没落的时期，这并不是一个巧合。

英国女王伊丽莎白一世敕封弗朗西斯·德雷克为骑士　让-莱昂·于昂（Jean-Léon Huens，1921—1982年）创作。该画表现的是在"金鹿"号（Golden Hind）甲板上进行的敕封仪式（《美国国家地理》图像库）。

　　18 世纪有相当长一段时间，欧洲各王朝在陆上和海上持续混战。围绕法国以及印第安问题展开的七年战争从 1756 年持续到 1763 年，真正标志着西方走向了新的战争形式。在许多学者看来，那才是第一次世界性的战争，因为它是在亚洲、美洲和欧洲同时进行的。在当时的战场上，对速度的要求还是胜过对准度的要求，这种要求决定了士兵的行为。没有人命令他们用武器瞄准，他们的武器上一般也没有瞄准用的准星。在陆地战场上，部队轻型化、按师建制以及野战炮兵的创建都使战争的形式有了一些实质性的变化。

　　海战同样取得了发展。随着英国舰队占据主宰地位，17 世纪欧洲各国舰队所保持的表面平衡被打破了。舰船成了培养和锻炼战争经验的真正工厂，而建造舰船也是对技术能力的巨大考验。1789 年，全欧洲共有 440 艘战列舰，其中英国有 153 艘，装备了批量生产的标准化钢炮。而到了 1810 年，英国皇家海军拥有战舰 1000

加勒比海的海盗、海贼以及私掠船

1570—1629年

英国"鲨鱼"德雷克和荷兰海贼海因 他们是加勒比海域海盗行当的祖师。

1633—1640年

建立海盗港 随着勒瓦瑟（Levasseur）的到来，乌龟岛变成了海盗的基地。西班牙人对该岛的海盗进行了一系列打击。

1640—1655年

成立兄弟会 乌龟岛上的居民互称"海边的兄弟"。英国人征服了牙买加岛，该岛随即成为私掠船的活动基地。

1660—1668年

黄金时期 法国西印度公司委任贝尔特朗·道吉龙（Bertrand d'Ogeron）为乌龟岛总督（1664年）。在他任内，该岛迎来了黄金时期：亨利·摩根、奥洛人以及巴斯克人米歇尔等海盗齐聚于此，并从那里出发去进攻和劫掠太子港、马拉开波和巴拿马。

1680—1688年

衰落期 海盗成了所有国家的威胁，各国消灭海盗的意愿越来越强烈。1688年，亨利·摩根死亡，标志着这种海盗活动方式的终结。

天文测量怀表 16世纪末，柯尔（H. Cole）制作。它可能曾经属于弗朗西斯·德雷克爵士。

多艘，包括243艘随时可以投入战斗的战列舰，总运载能力高达861000吨位，海军服役士兵142000人。这支海军实力如此强大，而且具有在全球任何地方开战的能力，因此很快就成为即将登上巅峰的大不列颠帝国的利剑。

欧洲人在海洋上达到的技术能力是无可置疑的。比如，1841年2月，第一次鸦片战争期间，架着两门32磅大炮的英国蒸汽装甲舰"复仇女神"号（Nemesis）在驶向广州的途中，仅用一天时间就摧毁了中国九艘战船、五座堡垒、两个军事哨所和一座沿海炮台。1853年，几艘俄国装甲舰轻而易举就打败了奥斯曼海军舰队；也是在1853年，西方战舰又用大炮轰开了海防工事坚固的日本，迫使其从此打开了国门。

如果不了解舰船技术的演变，不了解海战的演进，怎么能理解大探险的历史进程？当然不能。因为推动它们向前发展的，是相同的主角和工具。正如军事史专家杰弗里·帕克（Geoffrey Parker）所指出的那样："欧洲各国对于彼此之间在陆上和海上争战的持续关注，最终产生了惊人的红利。这主要是由于西方国家在军事上的优势，催生了历史上第一个世界性霸权。"

笼罩着新大陆的恐怖阴云

在17世纪长达七八十年的时间里，为对抗西班牙，欧洲列强派出了各种私掠船、海盗、烤肉海匪以及海贼与其为敌。这些雇佣兵相聚在"海边的兄弟"的名下，把乌龟岛变成了有史以来最大的盗贼和杀人犯的老巢。

亨利·摩根　亨利·摩根（1635—1688年）是威尔士人，常驻牙买加，劫掠过直布罗陀和马拉开波，摧毁过秘鲁白银的中转港巴拿马。

让-大卫·瑙（JEAN-DAVID NAU）　也被人叫作奥洛人弗朗索瓦（1630—1669年）。此人以残忍著称。他的海盗生涯以自己被食人族吃掉告终。

弗朗西斯·德雷克　1577年，弗朗西斯·德雷克（1543—1596年）进行了环球航行，同时对西班牙的加那利等领地进行了攻击。他最后死于痢疾。

爱德华·梯奇（EDWARD TEACH，1680—1718年）　人称"黑胡子"，是个嗜血的海盗。他由于1718年与位于今天南卡罗来纳的查尔斯顿一战而成名。

威廉·基德（WILLIAM KIDD，1645—1701年）　苏格兰人威廉·基德一开始是以打击海盗闻名的。最终他在伦敦被吊死后，被曝尸长达20年。

皮特·海因（PIET HEIN，1577—1629年）　服务于荷兰西印度公司的皮特·海因于1628年在今天古巴的马坦萨斯抢劫了新西班牙舰队。

61

航海家们使用的地图

16世纪意大利的罗盘地图（藏于意大利威尼斯的马尔恰纳国家图书馆）。插图（右侧）16世纪日本的武士头盔"兜"。

发现美洲

"发现"美洲，让欧洲人找到了一片新大陆。美洲成了他们眼中继欧、亚、非之后世界的第四个部分。而美洲另一侧的太平洋也向探险家和科学家们展现了新的远方，那是一条通向亚洲的新航路：从 16 世纪中期至 17 世纪初期，西方人纷纷在亚洲漫长的海岸线上登陆。

克里斯托弗·哥伦布第二次航行就找到了从美洲返回欧洲的最佳路线，的确了不起。但与已经令人颇为震撼的大西洋比起来，太平洋对于 16 世纪航海家们的想象力更是挑战，用现在的话来说，这简直是一种科幻级别的挑战！支撑探险家们迎接这一挑战的，不仅是他们的强大意志，还有——正如安东尼奥·皮加费塔（Antonio Pigafetta）所描绘的那样——某种炫耀自身痛苦的愿望。不管是在旧大陆，还是在新大陆，这些探险家都受到了恩惠和奖赏。而他们在航海日志和书信里把自己承受的痛苦公之于众，使这些日志和书信成了现代旅行文学的先声。

所以说，大探险的时代是伴随着写作展开的，写作为他们所发现的一切（即便那看上去多么令人不可思议）提供了证言和证据。航海家和探险家们自豪地宣称："我去过那里！"他们可不是无知文盲的大老粗。恰恰相反，他们都代表了文艺复兴运动结出的硕果，他们擅长歌颂自己的发现，无论其是真实的还是想象的。因为他们完全清楚，生活在那样一个被新近发明的印刷术改变了的时代中，出名是多么的重要。亚美利哥·维斯普奇在一封信中明确地说："我才不会躺着无所事事，因为我要人们相信我。"他们成功地激起了人们的兴趣。从另一方面来说，关于美洲的描述是那么新奇、那么出人意料，如果从古希腊罗马或教会的传统标准去衡量，可以说是难以令人信服的。而航海家和探险家们回到欧洲讲述的见闻和故事，有利于人们从他们的亲身经历中去汲取知识，从而为现代科学的发展奠定了基础。

英雄的故事

航海家和探险家们的写作继承了既有的叙事传统，但也有人采用了不同的文学体裁，比如有人采用了法国作家米歇尔·德·蒙田开创的随笔的形式。如果一定要挑选出这个大发现时代的创始文本的话，那就要数克里斯托弗·哥伦布的《大洋海军上将的旅行日志》（*Carnet de voyage de l'amiral de la mer océane*）了，其中包含了许多出色的文本，不仅数量多，而且充满争议。这部航海日志的核心思想是把哥伦布塑造成"英雄航海家"的形象，其英勇和忠诚值得欧洲那些信奉天主教、手握封建专制大权的国王永世感恩。我们今天还能了解这部日志的内容，多亏了巴托洛梅·德·拉斯·卡萨斯（Bartolomé de las Casas）神父对它所作的概述以及哥伦布的儿子埃尔南多·哥伦布（Hernando Colomb）在为其父创作的传记中节选的片段。毋庸置疑，其中当然有对被其视为"印度附属岛屿"的美洲的异域风情的描述。航海日志在对事件的记叙上有其特定的方式和逻辑。比如，它借鉴了葡萄牙剧本的叙事手法：探险家有意以书面形式介绍自己在新世界的英雄经历，所以沿非洲海岸航行构成了这段经历中具有决定意义的一部分；而探险的初衷则是好奇心以及对幸福和救赎的追求，这些都是大西洋探险的经典动机。这样一来，哥伦布的日志就显得真实可信、具体详尽。

在航行的最初 42 天中，哥伦布记录了风向风力、洋流情况和航行的距离，反映出那时他内心的兴奋与不安。接着，从 1492 年 10 月 12 日，他开始叙述一些重要的事件，隐约流露出他的心态变化：他开始把自己视作弥赛亚式的救世英雄、"基督的化身"（此后他每次签名签的都是 "Christoferens"，即 "基督的化身"），承担着引领同伴寻找救赎的使命。自哥伦布始，许多发现者和航海家在自己的写作中都表现出对于"他者"及自身独特性的极大关注。直到埃尔南·科尔特斯，才为这类文学题材带来新的颠覆性革命。

不可否认，科尔特斯非常清楚地知道写作具有宣传、证明及辩解的力量。让人不知不觉就接受这位政客兼作家新创的"欧洲人"的虚构形象：英雄征服者。科尔特斯的作品，指的是其在 1519 年至 1526 年间编撰的著名的《叙事书信》（*Lettres narratives*）。书名已经开宗明义了。这本书不仅把叙述者塑造得完美无缺，还充满了宣传色彩，建立了一个神话。科尔特斯编织了一套有效的叙述，而这套叙述从头到尾都与事实对应：在征服阿兹特克后，还远征拉斯·希布埃拉斯（Las Hibueras，今洪都拉斯）及危地马拉。如果说哥伦布的叙事是在现实的美洲寻找天堂的印迹，科尔特斯则摆脱了这种源自中世纪的窠臼，而着力为他那个时代的人们刻画了一个可靠的征服者的典型形象。这个征服者所做的一切，不是为了去证明某种神秘的理想，而是为了建立一个帝国。

科尔特斯发明的这种征服者叙事在 1550 年以前都很吃香，但在那之后就过时了。因为从那时起，城市、政府、王室官僚、矿产神话、农业开发以及打击海盗成了时代的主题。这时在这个以大发现为主题的文学世界里，出现了一个完全反潮流的形象——洛普·德·阿奎尔（Lope de Aguirre）。他是一个非传统的反英雄。阿奎尔是一个疯狂的暴君、弑父的凶手，死于 1561 年一次从秘鲁出发沿亚马孙河全程而下，而后经大西洋航行至委内瑞拉的奇特探险途中。他在死前给腓力二世写了一封信。这封信控诉了西班牙国王不知感恩，并以此为他自己随心所欲的反叛行为作辩解。抛开那种人们对其为人不安分的指责不论，洛普·德·阿奎尔的书信并没有像哥伦布那样沉迷于发现天堂的幻想，也没有科尔特斯的那种政治意图，而是从另一个角度揭示了一些事件的碎片。要知道，有很多事件，在经过谎言的诠释、编排

埃尔南·科尔特斯：基督教征服者的英雄形象

埃尔南·科尔特斯在 1519—1526 年编写的《叙事信》中，把自己塑造成了一个英雄，带领着有限的人手征服了阿兹特克这样一个伟大的帝国，并使其民众臣服于上帝和西班牙皇帝查理五世。

科尔特斯在讲述征服墨西哥的信件中把自己描绘成为上帝和国王服务的仆人。在第一封信《韦拉克鲁斯来信》中，他这样写道："随着这支舰队出征的，都是高贵的人们，都是骑士和绅士，都是虔诚忠于我主和陛下的奴仆，一心所想就是讴歌陛下的功德、弘扬陛下的威望、增添陛下的收入。"对于那个时代的骑士来说，这一切都是再自然不过的了。科尔特斯这个人物的特殊性，在于他为自己抹上了一层弥赛亚救世的色彩：科尔特斯似乎坚信自己是上帝派来完成一项使命的。方济各会会士杰罗尼莫·德·门迭塔（Jerónimo de Mendieta）最为成功地描绘了这位西班牙征服者的这种形象。在其《印第安传教史》（Historia eclesiástica indiana，1597 年）中，他写道，上帝选择了科尔特斯来承担征服新大陆的使命，以弥补马丁·路德发起的新教运动使天主教在欧洲遭受的损失，正所谓"失之东隅，收之桑榆"。门迭塔对这位征服者推崇备至，他在另一个段落中甚至写道，是上帝"像指引摩西走出埃及那样"指引着科尔特斯来到了新西班牙。

插图 无名氏创作的画作，描绘了1520年西班牙人打垮阿兹特克人的奥通巴战役（藏于西班牙马德里军事博物馆）。

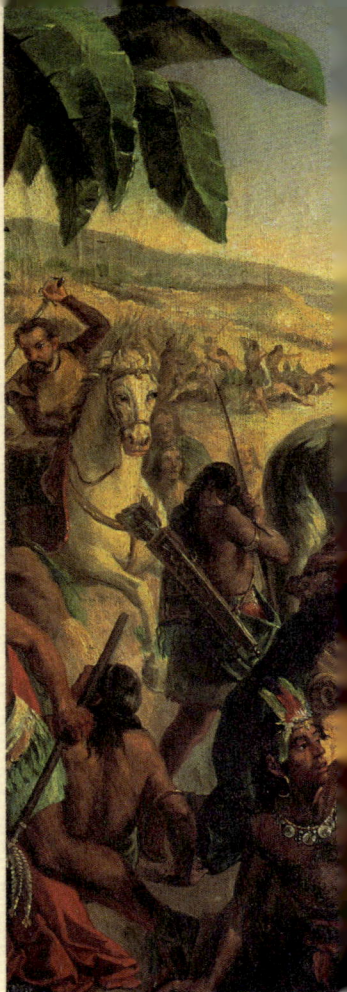

和修剪之后，再以一种合适、经典、优雅的方式讲述出来，就变成了所谓"真实的历史"。从 16 世纪中期开始，在欧洲就出现了第一批这样的旅行和探险文集，其中的先驱便是威尼斯人吉奥瓦尼·巴蒂斯塔·拉穆西奥（Giovanni Battista Ramusio）的《航海与旅行》（1550—1556）；而英国人理查德·哈克卢伊特（Richard Hakluyt）的《英国的主要航海：航行与发现》（1589—1600）以及"研究印第安历史的大师"安东尼奥·德·莱昂·派尼洛（Antonio de León Pinelo）的《东西方航海及地理文摘》（1629 年）也属于这一类作品。

对肉桂与丁香的执念

    与人们所以为的相反，哥伦布横渡大西洋的成功，给那些追随其后想要探索一条从欧洲南部通向富产香料的亚洲远东的快捷航路的航海家造成了错觉，令他们大大低估了这一路线的风险和距离，乃至大大降低了他们活着回来的概率。在 16 世纪上半叶，在太平洋航行，就意味着可能遭遇刀剑之灾，遭受饥饿折磨，罹患坏血病等疾病，而且这样的命运对于几乎所有在那里冒险的人都是一视同仁的，即便是麦哲伦、埃尔卡诺以及加西亚·乔弗尔·德·洛瓦萨（García Jofre de Loaísa）这样的大航海家也不能幸

67

免，他们于 1520 年和 1526 年先后死在那里。顶着征服墨西哥光环的埃尔南·科尔特斯颇受命运的青睐，他到达太平洋，但这也导致他的人生开始走下坡路。在西班牙，有些人并不希望在美洲出现权倾一方的权臣。而科尔特斯得意扬扬地进入太平洋，就给了他们重要的口实。他们暗地里向查理五世进言：那个人以为自己是谁，竟敢觊觎陛下在美洲的权力？他一旦如愿，还能甘当陛下的臣子吗？

自从被西方人发现之后，太平洋就没有太平过，反而连续不断地发生冲突。西班牙和葡萄牙两国国王于 1494 年签订了《托德西利亚斯条约》，这项外交协定有效地规定了如何划分两国在大西洋的航行区域。但是，至于那条划分两国势力范围的"教皇子午线"（即卡斯蒂利亚王室与葡萄牙王室划分势力范围的分界线）是局限于美洲新大陆，还是可以延伸至南北两极，甚至可以环绕地球一圈？这些问题在当时的条约里并没有任何明确的规定。

在西班牙王室于 1512 年委派胡安·迪亚兹·德·索利斯（Juan Díaz de Solís）取西行路线前往亚洲之前，没有任何人对太平洋进行过探索。不过，此人并未完成任务，而只是徒劳地徘徊于拉普拉塔河……所以，"第一个从美洲土地上发现太平洋的西班牙人"的这顶桂冠就在 1513 年落到了瓦斯科·努涅斯·德·巴尔博亚（Vasco Núñez de Balboa）头上。他是听取了一些土著向导的建议才完成这一壮举。至于索利斯，后来又接受委派，取东行路线前往锡兰，以期为西班牙国王证明：《托德西利亚斯条约》中教皇子午线能延伸至地球另一面，这就从正中把这座盛产肉桂的岛屿分成了两半。而就在索利斯到达马鲁古群岛，并从（可能是）爪哇向导那里得到了几份能够帮助他轻松地从孟加拉航行至中国的航海地图之时，一个名叫费尔南多·德·麦哲伦的人提出了一个假想：从欧洲出发向西航行应该更容易抵达这些香料群岛。他觉得应该能够很快在美洲南端找到这样一条通道，而他对于距离的过分乐观的估计使他心里充满了成功的希望。

1517 年 10 月，费尔南多·德·麦哲伦离开了葡萄牙，因为那里的人们都把他当成疯子。他来到了相邻的卡斯蒂利亚：和 25 年前的克里斯托弗·哥伦布一样，他在那里获得了期望之中的支持。西班牙人交给麦哲伦的远征舰队于 1519 年 9 月

航海家们眼中的巴塔哥尼亚人

　　来自意大利维琴察的安东尼奥·皮加费塔骑士（Antonio Pigafetta）是麦哲伦环球航行幸存下来的 18 人之一。他于 1522 年 9 月 6 日随着"维多利亚"号大帆船回到了桑卢卡尔-德巴拉梅达。在他对历史上第一次环球航行所作的笔记中，详细地记录了一些不为世人所知的种族的信息，诸如他们的习俗以及他们的生活方式。其中就包括对巴塔哥尼亚人的描述。

　　16 世纪航海旅行的记录者们发现自己对于一些种族一无所知，原因很简单，欧洲的古代先贤们根本不知道有这些种族的存在，所以从未提及过他们。16 世纪的航海家们努力地从人种志的角度对这些种族进行描述和记录，以期填补这一空白。皮加费塔也不例外，他是这样描述巴塔哥尼亚人的："这个人身材极高，我们勉强够到他的腰。"这番描述令人联想到骑士传说里的巨人。皮加费塔详尽地记录了这个种族的体貌、服饰、武器，乃至宗教信仰、饮食习惯及其医学知识。据皮加费塔说，麦哲伦看到了这些人留在沙地上的巨大脚印，所以将这个种族命名为"巴塔哥尼亚人"（意为"巨足人"——译者注）。其实，那些巨大的脚印是巴塔哥尼亚人所穿的用原驼皮制成的比脚大得多的鞋子留下的。

　　插图　《一位巴塔哥尼亚人的肖像》，油画（藏于西班牙马德里的航海博物馆）。创作者为何塞·德尔·波佐（José del Pozo），他是 1789 年马拉斯皮纳探险队的成员。

20 日从桑卢卡尔-德巴拉梅达的起锚时共有 5 艘舰船和 265 人，三年后只有 18 个人活着回来。

　　从出发之后，卡斯蒂利亚人和葡萄牙人之间的敌对关系就使原计划的实现充满了不确定性。他们原计划是经由同一条路线做一次往返航行的（并没有环绕地球航行的计划）。他们始料不及的是，那道如今以"麦哲伦"命名的海峡的位置如此靠南，以至于完全破坏了他们原计划在经济上的可行性。在穿过那道海峡后，这些冒险家借助东南信风，花了 99 天时间到达了关岛。他们当然是成功地抵达了目的地，但他们是吃掉了船帆上用的皮料以及虫子吃剩的饼干才做到的。麦哲伦以为自己离中国已经很近了，当然事实也确实如此；但他最终只到了菲律宾的萨马岛（Samar）和麦克坦岛（Mactan），结果因为卷入一场当地的战争而被杀。几个月后，幸存者们在马鲁古群岛的蒂多雷苏丹国为"维多利亚"号大帆船装满了各种香料，在胡安·塞巴斯蒂安·埃尔卡诺的熟练指挥下从那里启航返回了西班牙，总算使这次航行实现了经济上的收益。

有去无回

埃尔卡诺经由南亚航线返航西班牙，违反了《托德西利亚斯条约》划定的葡萄牙管辖权；所以这是一条非法的、不可行的路线。这也是为什么西班牙人必须从美洲经太平洋去往亚洲，再经由这片大洋返航，也就是说要找到一条他们心心念念的"由西向东的返航路线"。可是，光是从东向西穿过麦哲伦海峡，已然是一项地狱级的挑战：1525 年加西亚·乔弗尔·德·洛瓦萨率领一支探险舰队花了四个多月时间才穿过了麦哲伦海峡，然后便沉没在汪洋之中。直到 1579 年，从秘鲁出发的佩德罗·萨尔门托·德·冈巴（Pedro Sarmiento de Gamboa）才终于实现了这一壮举。而 1615 年，荷兰探险家雅各布·勒·梅尔（Jacob Le Maire）和威廉·斯豪滕（Willem Schouten）在寻找当时盛传的南方大陆（Terra Australis）的途中，绕过了合恩角。此后，这片堪称南极洲 [最早看见南极洲的人可能是西班牙航海家加布里埃尔·德·卡斯蒂利亚（Gabriel de Castilla）]，1603 年他从智利城市瓦尔帕莱索（Valparaiso）出发追击荷兰海盗时远远望见了这块大陆门户的合恩角海域便以其可怕的强风闻名于世，有道是："南纬四十度海风低吟""南纬五十度狂风呼啸""南纬六十度暴风咆哮"。

因为对太平洋之大毫无概念，航海家、制图师和地理学家（多亏了这些人，世界各地之间的联系在 1470 年后的短短五十年里就获得了奇迹般的增长）花费了漫长的时间才收集到了关于从墨西哥到菲律宾的海风和洋流的足够信息。由于当时对于地理经度只能作大致的估算，所以那时人们推算出的太平洋的面积比其实际面积小

了很多。从墨西哥航行到菲律宾的船舶驾驶员们估算出两地之间的距离介于 1550～2260 海里，而实际距离其实达到 2400 海里左右。为了解决在太平洋两岸往返航行的难题，人们进行了漫长的摸索。1527 年，墨西哥的一位征服者，阿尔巴罗·德·萨维德拉（Álvaro de Saavedra）——他也是科尔特斯的一个表亲——借助东北信风从新西班牙海岸航行到了新几内亚和马鲁古群岛。然后他就回不去了。不久之后，埃尔南多·德·格里哈尔瓦（Hernando de Grijalva）航行到了雷维利亚希赫多群岛（Revilla-

《航行的寓意》

在这幅版画中，成千上万条飞鱼冲向正在横渡太平洋的麦哲伦的船只。这个画面隐喻了这场远征中最为动人的一面，那就是与未知世界的相遇。这幅版画的作者为泰奥多·德·布里（Théodore de Bry, 1528—1598 年），是吉罗拉莫·本佐尼（Girolamo Benzoni）于 1565 年初次出版的三卷本著作《新大陆历史》（Novae Novi Orbis Historiae）中的插图。

横渡太平洋，活下来……寻找返航路线

在 16 世纪上半叶，有多支西班牙探险队由东至西地横渡太平洋，其中包括完成环球航行的麦哲伦和胡安·塞巴斯蒂安·埃尔卡诺，以及从墨西哥出发前往马鲁古群岛的阿尔巴罗·德·萨维德拉和鲁伊·洛佩斯·德·比利亚洛沃斯（Ruy López de Villalobos）。横渡太平洋的困难不只在于那长达 15000 公里的路程，而更在于很难找到一条不受洋流和海风阻扰的返航路线。

虽然麦哲伦在横渡地球上这片最大的海洋时恰逢台风的季节，但他还是将它命名为"太平洋"！据其探险队的航行记录者安东尼奥·皮加费塔所说，他们穿越太平洋"耗时三个月零二十天，其间没有吃到一口新鲜的食物"。这片大洋的幅度远远超出了当时所有宇宙志学家们的计算。不过，最令航海家们感到焦虑的，还不是它的宽广，而是为了开启西属美洲和亚洲之间的贸易之门，就必须要找寻一条能确保船只安全往返的路线。1529年，阿尔巴罗·德·萨维德拉就试图寻找这样一条从马鲁古群岛返航墨西哥的航路，结果遭到了失败。鲁伊·洛佩斯·德·比利亚洛沃斯虽然探索了菲律宾（他为了向当时还是西班牙王子的腓力二世致敬，而将那片群岛命名为"菲律宾"），但也没能找到返回美洲的路线。直到1565年，安德列斯·德·乌尔达内塔才最终解决了这个问题。从此，西班牙王室得以对菲律宾群岛进行殖民，并建立了马尼拉城。由于马尼拉盖伦帆船队保障了其与墨西哥的联系，该城很快就成为西班牙和中国开展贸易的主要港口。

① 麦哲伦（1520—1521年） 麦哲伦的探险队乘着东南信风，用了三个月多一点的时间横渡了太平洋，从南美洲出发航行到了马里亚纳群岛。

② 萨维德拉（1529年） 他从墨西哥出发来到马鲁古群岛，是为了援救那里的西班牙人。但由于遭遇逆风，他没能再次横渡太平洋返航。

gigedo）和下加利福尼亚海岸。1537 年，他被叛变的海员们杀害，因为他们拒绝服从他的从秘鲁出发前往马鲁古群岛的命令；不过他们还是航行到了新几内亚，然后在那里被葡萄牙人关进监狱。

僧侣和海洋

从 1550 年开始，墨西哥和秘鲁的秩序渐渐稳定下来。与此同时，经验丰富的航海家安德列斯·德·乌尔达内塔（Andrés de Urdaneta）正在思考如何一劳永逸地解

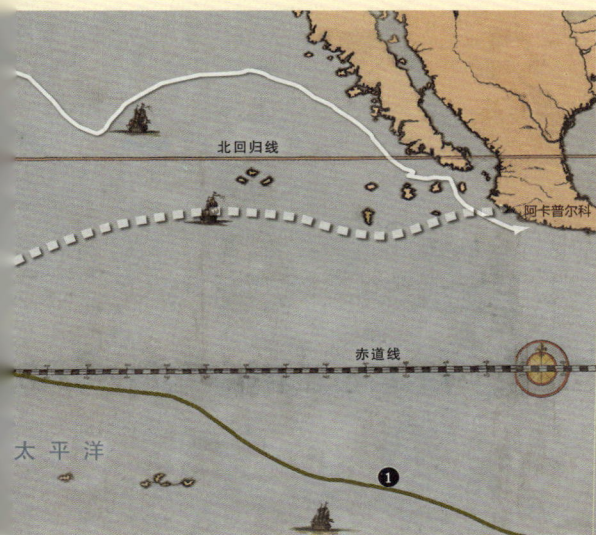

❸ 德·拉·托尔（1543年）
贝尔纳多·德·拉·托尔（Bernardo de la Torre）是洛佩斯·德·比利亚洛沃斯探险队的驾驶员。他于1542年从墨西哥启锚，在太平洋里航行了750海里，但最终放弃。

❹ 乌尔达内塔（1565年） 乌尔达内塔为了向洋流借力而选择了一条北方航路，这使他横渡太平洋的耗时超过了四个月，但证明这条路线是正确可行的。

麦哲伦 麦哲伦和埃尔卡诺的环球航行向人们提供了关于地球真实大小的数据，同时也使人们了解了地处东南亚的菲律宾群岛的富庶。从此，西班牙王室着力开发菲律宾。在1529年签订《萨拉戈萨条约》之后，和马鲁古群岛不同，菲律宾一直没有受到葡萄牙的影响。

插图 《葡萄牙航海家麦哲伦的肖像》，作者佚名；布面油画（藏于西班牙马德里的航海博物馆）。

决从太平洋西岸返航到东岸的问题。他本是一位船舶驾驶员兼制图师，曾经从1525年洛瓦萨探险舰队海难中死里逃生。因为厌倦了世俗生活，他在1553年出家当了修士。在当时那种反对帝国探险的时代思潮的影响下，他拒绝了王室对他的邀约以及赐予他的荣誉。1560年，当国王腓力二世亲自委托他去寻找太平洋返航路线时，他宣布："虽然我已经52岁了，身体脆弱，而且经过了年轻时的辛苦劳累，我真的很想退休以安度余生，但我还是愿意为主效劳，为传播我们天主教的神圣信仰，而进

位于宿雾市的米格尔·洛佩斯·德·莱加斯比雕像

他是一位西班牙征服者，曾经统治过菲律宾并创建了马尼拉市。

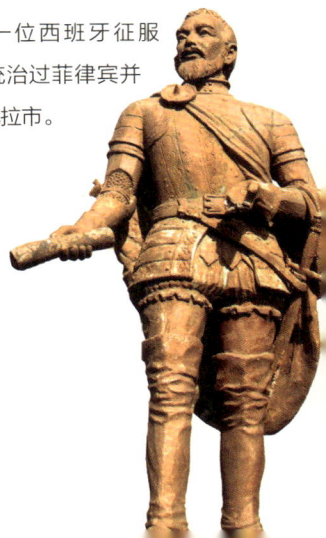

行此次航行。"的确，去菲律宾进行福音布道，是那次航行公开宣称的首要目标。虽然实际上，按照当时的政策，与中国建立接触（而马尼拉早已成为通向中国的一个贸易集市和外围港口）才是决定这次航行的关键因素。

此次远征队队长米格尔·洛佩斯·德·莱加斯比（Miguel López de Legazpi）接到的指示是要完全信任乌尔达内塔作为航海家的素质，因为他有能力、有经验，而且熟悉太平洋的气象变化。乌尔达内塔断定，从菲律宾横渡太平洋返回的关键，在于要乘着夏季季风从菲律宾出发、尽早掉头向北航行，这样才能借助俗称"黑潮"的日本暖流、继而利用北太平洋暖流由西向东航行，最终沿墨西哥海岸南下回到美洲。这支远征队在出发时由 5 艘舰船、350 人组成。这次航行取得的第一个成果，就是西班牙彻底征服菲律宾。1564 年 11 月 21 日，离开哈利斯科（Jalisco）的巴拉·德·纳维达德（Barra de Navidad），经过 93 天的航行抵达了菲律宾（这是整个行程中较为容易的部分）。1565 年 6 月 1 日，乌尔达内塔及其伙伴（包括洛佩斯·德·莱加斯比的一个侄子）和舰队其他船只告别，启程返回美洲。这一路正如这位修士之前预计的那样。这些航海家为了寻找西风，一直向北航行到了北纬 39 度；然后他们找到了合适的洋流，再经过 4 个月零 8 天的航程，他们终于在阿卡普尔科靠港。他们在汪洋大海中一共航行了 18000 公里，接近了人体承受能力和当时技术的极限。所以，毫不奇怪，在西班牙随之在太平洋开辟的贸易航路上，在接下来的几个世纪里，来自阿卡普尔科的大帆船队以及从马尼拉出发的盖伦帆船队一直都沿着乌尔达内塔及其同伴们走出的这条路线航行。这些船队的成功，当然是因为它们遵循了前人确定的那条著名的线路，另外也需要好风的帮忙，但更重要的是要充满能够胜利返航的信心。

黄金岛

有一个令人印象深刻的现象，就是地理奥秘的揭开会激发西方人精神世界里的一种替代机制。在未知地域被探明，成为他们常来常往的贸易通航地之后，他们又会对地图上别的神秘之地产生兴趣。随着兴趣的延伸，他们渐渐填补了全球地图上剩余的空白。而对于依然空缺的区域，他们就会想方设法寻求解释。这样一来，他们就酝酿出了一些伟大的幻想，想象出一些乌有之乡。最有名的例子就是他们曾经幻想在南美洲存在着一个名为"埃尔多拉多"的黄金国，从波哥大高地的奇布查人领地一直延伸到今巴西附近的奥里诺科森林深处。直到 1775 年以前，许多探险队纷纷前往那片地区进行探索，寻找传说中的帕里玛潟湖和水晶山。

在安德列斯·德·乌尔达内塔解决了从西向东横渡太平洋的难题后，这片大洋一度成了"西班牙的内湖"。而他们对于这片大洋依然神秘的北部和南部又生出了许多奇异的想象。

研究印第安历史的学者在整理印第安人的口头传说及其"异教国时期"的文字记载时，注意到印加帝国皇帝图帕克·尤潘基（Túpac Yupanqui）在 15 世纪末曾经发动过对太平洋的远征。他们觉得，《圣经》中提到的俄斐王国（或所罗门王的矿藏）可能也在太平洋中。1567 年，秘鲁总督让自己那个雄心勃勃且颇有远见的侄子阿尔瓦罗·德·门达尼亚（Álvaro de Mendaña）领衔一支探险队，让与他脾性相投的埃尔南·加莱戈（Hernán Gallego）负责开船。他们于 1567 年 11 月 19 日起锚，稀里糊涂地航行了一段路程后，疲惫不堪地在一个群岛上了岸。他们把那个群岛命名为"所罗门群岛"，因为他们坚信《圣经》里的描述千真万确就是这些位于新几内亚东南方的岛屿。两个世纪后，法国科学家布干维尔（Bougainville）也曾在那里歇脚，并把自己的名字留给了这个群岛中的一座岛屿……

阿尔瓦罗·德·门达尼亚和埃尔南·加莱戈把他们走过的从卡亚俄到耶稣岛（位于今图瓦卢）之间的那片海域命名为"孕育湾"和"圣烛湾"。他们沿着马尼拉盖伦帆船队的航路返回了秘鲁，并于 1569 年年中来到了卡亚俄，而且他们的探险热情分毫未减。阿尔瓦罗·德·门达尼亚毫不介意土著人的明显敌意，也不在乎路途的艰辛，他宣称俄斐的矿藏与古代印加人描绘的黄金岛都在等着他的再次光顾。他说它们的确存在，就在秘鲁海岸的对面，在太平洋的那片大海湾中，只要不到一百天的时间就能抵达。这样的诱惑实在是太大了……不过，待到他终于能再次组织远征队去寻找那珍贵的宝藏时，时间已经过去 25 年了。

南方大陆

自从第二次航行之初，门达尼亚就将这次航行定位为一次殖民远征，这令他对自己的此次计划充满了盲目自信。这次远征有 400 个殖民者参与，其中有许多女性，包括他自己的妻子伊莎贝尔·巴雷托（Isabel Barreto）。这个女人算得上地理大发现历史上一个真正的女英雄，一方面是因为她表现出了出色的统帅能力，另一方面是因为她在丈夫死后迅速转变为了太平洋探险的先锋。他们于 1595 年离开了派塔港，开船的是机智的葡萄牙人佩德罗·费尔南德斯·德·奎罗斯（Pedro Fernandes de Queirós），尽管如此他们怎么也找不到所罗门群岛了。相反，他们在半路上发现了侯爵夫人群岛（Marquises，又译作"马克萨斯群岛"）。之所以给这个群岛取这个名字，是为了向秘鲁总督卡涅特侯爵致敬。奎罗斯素来为人高调，他大言不惭地说："所罗门群岛不见了。要么是门达尼亚记错了它的位置，要么是海面上涨淹没了它，要么是我们错过了它，要么它本来就不存在。"

这些航海家也低估了太平洋的浩瀚。他们其实离所罗门群岛还远着呢。后来他们得以在离瓦努阿图（Vanuatu）不远的圣克鲁斯岛登陆。在受到当地土著人热情欢迎后，他们遇到了巨大的困难：疾病侵袭、食物和木材缺乏、暴力冲突。门达尼亚偏偏又在此时发烧去世了。于是，伊莎贝尔·巴雷托接任远征总指挥，她下令撤退。她将幸存者们集合起来，开始了一场艰难可怕的渡洋："病人们接二连三地死去。"最终，从秘鲁一起出来的人中，只有四分之一到达了马尼拉。

驾驶员费尔南德斯·德·奎罗斯并未因此次挫折而丧失勇气。他在拜访过教皇克莱门特八世（Clément Ⅷ）后，决心组织一支新的远征队去探寻南方大陆。南方大陆是传说中位于太平洋南部的一片未知的大陆，在基督徒的心目中相当于一个新的美洲。这一举动看上去何其疯狂而不合时宜，只有结合弥赛亚救世论、结合三十年来的宗教战争令欧洲动荡不已的背景才能理解。1605 年 12 月 21 日，三艘舰船："圣佩德罗和圣帕布罗"号（Santos Pedro y Pablo）、"圣佩德罗"号（San Pedro）和"三王"号（Los Tres Reyes），载着 300 个海员和士兵从卡亚俄港出发了。几个

女性对征服美洲的参与

虽然在殖民美洲的初期，承担主要角色的是男性，但女性也参与了这个过程。1498 年哥伦布第三次前往美洲的航行中，就有 30 名女性随行。随着时间推移，参与征服美洲的女性数量越来越多：从 1560 年到 1579 年，在前往新大陆的乘客中，有将近三分之一是女性。

西班牙王室知道，没有女性的参与，殖民是不可能成功的。查理五世要求已婚男子前往美洲时必须带上自己的妻子。很多女性表现出色。比如伊莎贝尔·巴雷托。1595 年，她在丈夫阿尔瓦罗·德·门达尼亚死后接手统领他的探险队。同样，玛丽亚·德·托莱多（María de Toledo）也在自己的丈夫迭戈·哥伦布（Diego Colomb）死后接掌了他的船队；孟西娅·卡尔德隆（Mencía Calderón）在1550年到1556年间指挥了一支由50名女性组成的探险队，穿越1600公里来到了巴拉圭的亚松森；还有伊涅丝·德·苏亚雷斯（Inés de Suárez）、卡塔丽娜·德·伊劳索（Catalina de Erauso）以及贝娅特丽丝·贝尔慕代·德·维拉斯科（Beatriz Bermúdez de Velasco），她们都曾在智利、秘鲁和墨西哥参加征战。

插图 修女胡安娜·伊涅丝·德拉克鲁兹（Juana Inés de la Cruz）。她是科尔特斯的曾外孙女，创建了墨西哥圣热罗尼莫修道院。（藏于西班牙马德里的美洲博物馆）

帕瓦伊的圣奥古斯丁教堂

四位奥古斯丁教派的修士随着安德列斯·德·乌尔达内塔的探险队来到了菲律宾，随即就在这片群岛上展开传教。后来，一些方济各教士、多明我教士以及耶稣会士加入了他们的行列，在菲律宾群岛传播福音。由于这些传教士的巨大努力，菲律宾成为东方唯一一个大多数人信仰天主教的国家。

月后，他们到达了图阿莫图（Tuamotu）和瓦努阿图。奎罗斯登上了那些群岛中最大的岛屿圣灵岛（Espiritu Santo），他以为自己已经找到了南方大陆（Austrialia，这个词来自"奥地利王室"和"南方"这两个词的缩略），并在那里宣布建立新耶路撒冷殖民地。为了庆祝这一事件，他还于 1606 年 5 月 13 日成立了一支骑士团，并毫无悬念地将其命名为"圣灵骑士团"。每一个殖民者都收到几枚用不同颜色的丝绸制成的十字架；远征队中所有的人，"包括地位最低微的白人，包括黑人厨子，都被封为骑士"。远征队的方济

各会牧师用充满幽默嘲讽的语气写道："这太妙了，全世界任何地方都从来没有过这样的事情：海员加封骑士、见习水手加封骑士、混血儿加封骑士、黑奴加封骑士、印第安人加封骑士，还有骑士加封骑士。"

几个星期后，他们精疲力竭地再度启航。结果糟糕的天气使几艘船互相失散了。奎罗斯连驾船重新靠岸都没能做到，不禁令人怀疑他怯懦无能。相反，航海家路易斯·瓦兹·德·托雷斯（Luis Váez de Torres）却能按自己的计划继续航行。他在确认了其他同伴滞留在一个岛上之

未知的南方大陆

亚伯拉罕·奥特柳斯（Abraham Ortelius）绘制的这幅世界地图（Typus Orbis Terrarum，是 1564 年发表的第一版的缩小版）被收录在了他的著作《世界概貌》（*Theatrum Orbis Terrarum*）之中，该书由吉利斯·科本斯·范·迪恩斯特（Gillis Coppens van Dienst）于 1570 年在安特卫普出版。在这幅地图中，南极洲被想象成一块覆盖了大半个南半球的大陆。1774 年，詹姆斯·库克在南太平洋的探险最终否定了自公元前 2 世纪托勒密时代以来历代航海家苦苦探寻的南方大陆的存在。

圣方济·沙勿略和日本的耶稣会士

　　1549 年 8 月 15 日，西班牙耶稣会士圣方济·沙勿略来到了神秘的日本国，传播基督教，建立天主教团体。尽管遭到了以佛教僧侣为主的当地宗教界的反对，他还是获得了成功。

　　葡萄牙商人在16世纪40年代初来到了内战不止的日本，成为最早到达这个国家的欧洲人。紧随其后的是西班牙人和荷兰人。这些人中有不信教的，也有信教的。信教的主要是耶稣会会士。而圣方济·沙勿略就是其中一员。他在日本逗留了两年三个月，完成了大量的布道工作，创建了多个天主教社团，甚至成功地令多位大名（日本的封建领主）皈依天主。不过，最后，天主教还是被日本视为欧洲人殖民日本的前奏，所以天主教的活动被严令禁止和镇压。针对天主教的最残酷的迫害发生在1597年，26名基督徒（其中包括5名欧洲方济各会教士、3名日本耶稣会士和3名儿童）在长崎被钉死在十字架上。

　　插图　圣方济·沙勿略的奇迹。皮埃尔·保罗·鲁本斯（Pierre Paul Rubens，1577—1640年）创作（藏于奥地利维也纳的艺术史博物馆）。

后，自己航行回到了马尼拉。后来，奎罗斯还是按预计的时间回到了西班牙。他还想再发起一次新的探险，结果被人们当成了疯子。几年后，他在巴拿马贫困潦倒地死去。

日本国

西班牙和葡萄牙航海家，以及随后效仿的荷兰人和英国人，渐渐收集了足够多的关于东亚的信息，可以组织一条可行的太平洋航路了。葡萄牙第一位访问中国的使节是药剂师托梅·皮雷斯（Tomé Pires），他于1511年抵达印度，之后到马六甲，最后到达中国。他的手稿《东方纪要》（*Suma oriental*）向葡萄牙人提供了有关东南亚贸易的珍贵信息。费尔南·门德斯·平托（Fernão Mendes Pinto）宣称自己在16世纪40年代曾经到过日本(欧洲人曾经长期把日本称为"Cipango"）。他的《远游记》（*Les Pèleri-nages*）于1614年在里斯本出版，对于欧洲人了解这个遥远的岛国起到了重要的作用。门德斯·平托出身卑微，他渴望发财，所以登上了探险队的航船去了印度。从1537年到1558年，他在远东度过了21年，游历了马六甲、中国和日本，成了一位富商（但他有时也当海盗）。在命运的安排下，他当过士兵、商人和传教士。在遇到圣方济·沙勿略（saint François Xavier）后，他决心加入耶稣会，但不久后就被开除了。门德斯·平托的文字特别记述了日本人对葡裔移民的嘲讽，这令他的说法显得颇为可信。

还有一些葡萄牙人在从暹罗前往中国途中遭遇风暴，船只搁浅在日本九州岛。可能就是他们把火器装备带到了日本。总之，葡萄牙和日本建立起了联系，葡萄牙在印度洋北部的势力范围也得以确立。这就是为什么他们可以在日本进行商贸和传教活动。不过，他们的活动也常常与日本发生冲突，特别是最后于1622年在长崎发生了耶稣会士及信徒"大殉难"事件。在那之

佛像

青铜像，打造于江户时代中期，藏于热那亚市东方艺术博物馆。

81

德川幕府的日本

1600年10月21日，德川家康取得了关原合战的胜利，终结了日本封建领主内战的局面，开启了一个长达两个半世纪的和平稳定的纪元。这就是所谓的"江户时代"（"江户"是东京当时的名称，是幕府所在地），由幕府将军实施军事独裁。在那个时代，日本实行了锁国政策，禁止任何日本人走出日本，同时禁止任何外国人进入日本。尽管如此，日本还是和荷兰、朝鲜以及中国保持了经常性的接触。这样一种与世隔绝的局面一直持续到1854年，美国海军准将佩里（Perry）强迫日本签署了《神奈川条约》，迫使日本开放国际贸易。

德川家康（1603—1605年） 德川家族的第一代幕府将军。直到1868年倒幕运动之前，都是德川幕府把持着日本的命运。上图为一幅日本当代画作上的德川家康。右图为大阪城，1615年，它在被围攻多时后落入了德川家康手中。

帝国时代

　　德川家康将军是德川家族以及德川幕府的奠基者，他开创了江户时代（"江户"是东京的旧称）。从1603年到1868年倒幕运动，15位德川将军相继统治日本。他们的封地覆盖了本州岛（日本群岛主岛）、九州岛和四国岛，而北海道南部依然为德川家的盟友松前氏的藩地。

武士兜　这顶钢质镶金的武士兜上刻有德川家族的标志，制作于公元17世纪。

荷兰东印度公司

荷兰东印度公司成立于 1602 年，解散于 1795 年，曾经是世界上最富有的私营公司，也是整个现代史上在亚洲开展活动的最大的一家欧洲贸易企业。

虽然葡萄牙和西班牙通过1494年的《托德西利亚斯条约》对世界进行了瓜分，但是其他欧洲海洋强国显然不愿袖手旁观。尤其是到了16世纪末，荷兰人得以染指葡萄牙人的航海范围。在这一时期成立的多家贸易公司开始派出船舰前往亚洲海域。这种远航充满了风险，随时可能受到葡萄牙人的袭击或马来海盗的骚扰，所以这些公司在1602年重组成为一家单一的企业：荷兰东印度公司（荷兰语缩写为"VOC"）。荷兰联省共和国授予了该公司独家垄断与东方国家进行贸易的权力，为期21年。由此，荷兰开始在太平洋和印度洋扩张，在爪哇、苏门答腊、广州、马六甲、暹罗和出岛创建了贸易集市。荷兰东印度公司的运行和真正的国家别无二致，能够任命总督和法官，能够装备自己的军队，能够与他国缔结盟约。

在荷兰东印度公司代尔夫特办事处开业之际，当地的工匠效仿中国的瓷器，制作了以该市名称为花纹的青花瓷器（左图）。

插图 1694年的版画，画的是荷兰东印度公司在鹿特丹的总部。

后，日本实际上进行了锁国，断绝了与外界的一切联系。但荷兰人还是获准在长崎对面的人工岛出岛（Dejima）居留。直到 19 世纪以前，他们都得以保有每年向那里发出两艘船只的专属特权。

争雄亚洲海岸

16 世纪 90 年代末，荷兰商人开始计划挺进印度洋，以结束葡萄牙独家垄断该地区贸易丰厚利润的局面。当时的形势对于他们实现这番雄心非常

肉豆蔻 在马鲁古群岛，荷兰东印度公司从葡萄牙手中抢夺了肉豆蔻的垄断经营权。肉豆蔻是一种在当时备受追捧的香料，它的两个部分种子和种衣虽然味道相似，但分别有不同的加工方法。至今，肉豆蔻依然是荷兰美食的一种主要调料。

丁香 和肉豆蔻一样，葡萄牙16世纪所把持的丁香垄断经营权在17世纪转到了荷兰人手上。这种来自马鲁古群岛的香料非常受欢迎，被人们用来给葡萄酒或其他酒精饮料增加香味。到了18世纪下半叶，荷兰渐渐丧失了对丁香的垄断，因为法国人在毛里求斯群岛和留尼旺成功地种植了丁香。

有利：从 1579 年开始，尼德兰北方各省为捍卫独立，已经与西班牙人激烈斗争了十几年，所以他们把挺进印度洋视作长久削弱同时统治着葡萄牙的西班牙国王腓力二世（1580—1640 年，西班牙和葡萄牙两个王国的王室联合成了一家）力量的一次机会。而从更广大的层面上来说，这对荷兰人来说意味着获取自然资源、开辟蕴含着巨大利润的远方市场。他们强大的舰队和他们在贸易上的活力使他们有能力发起这样的攻势。这一攻势将促成 17 世纪荷兰在世界贸易中的巨大成功。因此，1601 年，他们毫不犹豫地对委内瑞拉东部的阿拉亚盐田发动了突袭，以弥补因葡萄牙人长期把持盐业供应给他们造成的损失。

在陆地上，可以建立堡垒要塞来保护重要位置不受袭扰（世界各地都是这么做的）。但海洋却有自己的规矩。一开始，荷兰人只能抄袭葡萄牙人的成功做法，这一点并不奇怪，他们利用葡萄牙人的海上走廊、葡萄牙人的港口和葡萄牙人的市场。可以料想，这么做的结果并不令人鼓舞。1602 年，由荷兰国家担保垄断地位的东印度公司成立。这大大激发了荷兰人去探索更迅捷更有利可图的海上新航路的兴趣。1611 年，荷兰航海家、探险家亨德里克·布劳维尔（Hendrik Brouwer）将一个出色的想法付诸实践：从好望角前往印度和远东的印度洋传统航线是一个直角线路，他决定另辟蹊径，借助印度洋更南端的西风航行到某一点后再改道向北。接着再转向爪哇岛和苏门答腊岛之间的巽他海峡航行。这样一来，就把原本将近一年的航程缩短到了六个月。

这个了不起的发现使这条新路线在 17 世纪 30 年代成为繁忙的航路。西风一直把荷兰人送到澳大利亚西海岸，那里的洋流再把他们轻轻松松地带往爪哇岛。走这条航路的风险，在于可能会计算错经度和已经航行的距离。一旦出现误差，航海家们就可能撞上澳大利亚西边的礁石。而且从荷兰到爪哇走这条航路，意味着有很长一段路程都没有可以补给水和食物的停靠港口；为此，荷兰人在非洲南端建立了开普敦殖民地，以满足对船只的补给需求。从此，荷兰人牢牢地把持了世界香料贸易很长时间。

北美的轮廓

1609 年，历史上最著名的一个假航海家——洛伦佐·费雷尔·马尔多纳多（Lorenzo Ferrer Maldonado）编造了一本《阿尼安海峡发现记》（*Récit de la découverte du détroit d'Anián*）。他在书中杜撰了一次从拉布拉多半岛向西沿北纬75 度线横穿北美的艰辛曲折历程。这本书所记述的当然不是事实，但它真正算得上一部不错的艺术作品，因为它对西北通道的描写令人吃惊，而为了探索这样一条交通线，欧洲人的确付出了长期的努力。

洛伦佐·费雷尔是个出色的抄袭者、文献伪造者，他靠着为西班牙国王腓力三世（Philippe III）的朝廷编辑大发现传奇回忆录谋生。他也是一位炼金术士，宣称自己掌握了"所罗门小钥匙"的奥秘。"所罗门小钥匙"是古希腊神话里提及的一种法宝，具有把"贱"金属化为黄金的魔力。他还精通数学和天文，宣称是自己发明了固定罗盘，还说自己发现了在汪洋大海中计算经度的方法。实际上，这个难题要等到一个多世纪后，在人们积累了大量经验之后，才得以解决。费雷尔还说自己遇到过一些来自亚洲的土著人，自己用拉丁语和他们进行了对话。

他所讲述的这一切，都可以看作那种与发现新大陆相伴而生的地理神话的一部分。而此类地理神话直到启蒙时代还颇具影响。1790 年，地理学家比阿什·德·拉·讷维尔（Buache de La Neuville）在巴黎科学院宣读了一篇论文，声称费雷尔·马尔多纳多所说的通向北太平洋的航海路线是合理的。次年，航海家亚历山德罗·马拉斯皮纳（Alessandro Malaspina）自作主张改变了西班牙王室为他的探险队规定的航向，去验证费雷尔所说的通道是否存在。他当然没能找到那条通道，因为它本来就不存在，于是他把到达之处命名为"失望港"（Port de la Déception）。

在 16 世纪，有很长一段时间，围绕着对北美洲的地理探索，都存在着一种模仿南美洲地理发现过程的冲动：人们总觉得探索南美洲过程中发生的事，在北边应该也会发生。发现拉普拉塔河的，是葡萄牙的木材商人和开辟香料航路的西班牙探险家；而麦哲伦海峡的位置距离当初哥伦布寻找它的地方有 8000 公里之遥。所以，搞清楚北边那块大陆的轮廓形状可能也要花很多时间，这没有什么好奇怪的。美洲南部通道（麦哲伦海峡）直到 1519 年才被发现，而在此之前六个月，西班牙征服者、当过波多黎各总督的胡安·庞塞·德·莱昂（Juan Ponce de León）已经出发前往巴哈马群岛以北去寻找传说中的比米尼岛和青春不老泉。

1513 年 4 月，庞塞·德·莱昂登上了一块陆地。他以为那是一个岛（其实是佛

土著人的"摄影师"：雅克·勒·莫因·德·莫尔格

在传到欧洲的对美洲印第安人的描述中，一直缺少了一项元素，那就是图像信息。法国植物学家、插画师雅克·勒·莫因·德·莫尔格（Jacques Le Moyne de Morgues）通过自己的绘画弥补了这一缺憾。他的画作被制成版画后，从 1591 年开始在整个欧洲传播开来。

1564年，也就是"五月花"号的朝圣者们在美洲土地上建立清教定居点的近60年前，一群法国胡格诺教派信徒为了逃避自己祖国的宗教迫害，在让·里波（Jean Ribault）和热内·德·古兰·德·洛道尼耶（René de Goulaine de Laudonnière）的带领下来到佛罗里达展开新的生活。他们当中，有一位名叫雅克·勒·莫因·德·莫尔格的地图测绘师和插画师。是他最早绘制了美洲这个地区的印第安人蒂穆夸人的画像。起初，英国殖民者和蒂穆夸人建立起了良好的关系。但西班牙邻居的到来却使事情变得糟糕了，他们在1565年放火烧掉了卡罗来纳要塞的定居点，把所有的居民都驱逐了出来。雅克·勒·莫因·德·莫尔格成功地逃了出来，但他绝大多数画作都毁于大火。还好，他在返回法国后，得以重新绘画出其中一大部分。在这位艺术家去世三年后的1591年，比利时出版商泰奥多·德·布里将这些画作集结成画册《高卢人讲述的在美洲佛罗里达发生的事件》（ Brevis narratio eorum quae in Florida Americæ provincia Gallis acciderunt）加以出版。他的现实主义、他对细节以及生活场景的热爱都流注在他那生动的画笔之下，使他的画作收获了巨大的成功。

插图 勒·莫因的一幅画作的上色版，表现的是当地印第安部落首领乌提那在法国人的帮助下与敌人波塔努作战（藏于法国巴黎海军中央历史图书馆）。

罗里达的海岸）。他是在复活节的星期天发现它的，所以把它命名为"佛罗里达"（"Florida"一词在西班牙语里是"鲜花盛开"的意思，西班牙人习惯把复活节叫作"鲜花盛开的复活节"）。他既没有找到黄金，也没有找到能治百病的不老泉，但却找到了佛罗里达洋流（或称"湾流"）。这道洋流把加勒比海域和北大西洋的西风带相连，堪称大自然馈赠的真正礼物。

关于北美洲的地理之谜依然悬而未决，令人颇为不安。一定要在佛罗里达以北找到一道通向西面

的开口或海峡的想法，鼓舞着佛罗伦萨探险家乔瓦尼·达·韦拉扎诺（Giovanni da Verrazzano）。1524 年，在迫切想要获得中国丝绸的法国里昂商人们的赞助下，他只带了一艘船就启航了。用他自己的话来说，他发现了"一块古往今来没有任何人见过的新土地"。他在北卡罗来纳与纽芬兰之间遇到了许多热情的当地人，收获颇丰。他觉得"这块地位置这么好"，所以他一定能找到金子。而令他这么确定的理由是东面海的那条通道"毫无疑问是与印度及中国的海岸相连的"。韦拉扎诺所表达的，其实是当时很多欧洲人共同的观点。

在韦拉扎诺此次探险不久前，富有的敕封托莱多法官、当时住在圣多明哥的卢卡斯·巴斯克斯·德·艾伦（Lucas Vázquez de Ayllón）接受了一份探索遥远北方的合同。1520 年，曾经有过两艘快帆船满载着奴隶和一些黄金从那里返回。所以，当他于 1526 年耗尽家财带着五艘船和 500 名殖民者从普拉塔港（Puerto Plata）出发时，他相信自己做的是对的。他想在一个刚刚俘获的印第安人奇科拉的帮助下前往纽芬兰，那里应该有一个通往太平洋和香料群岛的通道。在被他们命名为约旦河的河口 [位于今天的恐惧角（Cape Fear）一带]，今天的北卡罗来纳的大西洋海岸，他们损失了一艘船。然后他们意识到合同里所说的那些地方，皮拉塔（Pyraita）、坦卡尔（Tancal）、阿尼卡蒂耶（Anicatiye）、杜拉奇（Duache）等，根本不存在。他们继续北上，在距今天的切萨皮克湾不远处建立了圣米格尔·德·瓜达鲁佩城（San Miguel de Guadalupe）。这是欧洲人在这片土地上建立的第一个殖民地，其周围被沼泽环绕。随着冬天的到来，他们的冒险结束了。同时结束的，还有巴斯克斯·德·艾伦的生命。据他船队里活着回来的手下说，他是在一位多明我会的教士怀抱中去世的，他的遗体在返航时被抛入了海中。

冰海的主人

当时还有一种毫无根据的说法牢牢根植在人们的心中，即"北冰洋是一片很容易航行的海洋"。不知为何，英国人尤其相信这种说法。虽然英王亨利八世（Henri Ⅷ）曾有意探索这条通向亚洲的通道，但直到他死后的 1551 年，意大利航海家塞巴斯蒂安·卡伯特（Sébastien Cabot）才和英国探险家休·威洛比（Hugh Willoughby）、理查德·钱塞勒（Richard Chancellor）一起发起组织了这样一次探险。这支探险队被命名为"商人和冒险家联合探索未知地区的公司"。此行的主要赞助人是诺森伯兰郡第一公爵约翰·达德利（John Dudley），目的是开辟从英格兰通向亚洲和俄国的航路。

当时，英国和腓力二世的关系日益恶化，所以此类创举很容易赢得支持。不过，不管是俄国北面的白海，还是美洲哈得孙湾的海峡，每年可以通航的时间只有两个多月。直到马丁·弗罗比舍（Martin Frobisher）1576 年至 1578 年在拉布拉多半岛以北的探险遭到失败，尤其是荷兰东印度公司参与进来，整个局面才发生了彻底的改变。从 1609 年到 1616 年，亨利·哈得孙（Henry Hudson）、罗伯特·拜洛特（Robert Bylot）和威廉·巴芬（William Baffin）取得了几次重要的胜利。哈得孙被选中去探索这条著名的通道，是因为他拥有丰富的北极海域航行经验：他曾经作为探险家为莫斯科公司服务，那家公司是想象力丰富的卡伯特的另一个创举。1609 年，他沿着那条后来以他的姓氏命名的河流（哈得孙河）逆流而上，找到了连接大西洋和五大湖区的毛皮运输路线。

哈得孙于 1611 年死于冰海之中。他是被他叛变的船员抛弃在一只漂流的小船上而死去的。为他驾驶船舶的拜洛特逃脱了这样的厄运。1615—1616 年，拜洛特和巴芬越过了北纬 77 度线，但找到的还是无法穿越的冰海。巴芬说："考虑到被我们抛在身后的那么多的冰面以及在如此接近极点的位置航行的难度，我可以毫不惭愧地说从来没有人在这么短的时间里取得比我们更有用的发现。"的确，巴芬在那片区域探险时曾经遭遇过许多巨大的困难。在那里，只有在夏天才能进行季节性的狩猎。而再往南一些，就是一片充满希望的土地。英国人抱着把西班牙人、葡萄牙人，还有荷兰人都统统打败的期待，还在坚持寻找那些传说中的黄金白银帝国以及通向香料群

16、17世纪的北极探险

1553年

威洛比的旅行 休·威洛比率领三艘船出发去寻找西北通道。结果这些船被困在了冰封的巴伦支海中。只有理查德·钱塞勒指挥的那一艘船抵达了伊凡四世统治的俄国。

1587年

前往格陵兰 继1585年和1586年之后，约翰·戴维斯（John Davis）第三次启航前往北冰洋。这一次，他勘测绘制了格陵兰岛、巴芬岛以及拉布拉多的地图。

1610年

浮冰上的兵变 为了寻找西北通道，亨利·哈得孙指挥着"发现"号在以他的名字命名的哈得孙湾艰难前进。结果，航行的艰辛导致船员们哗变，他们把这位航海家抛弃在了这片海面上。

1616年

西北无通道 威廉·巴芬继续了哈得孙的探险，并且发现哈得孙湾里并没有所谓的西北通道。于是，他转向戴维斯海峡进行探索。

Longa nimis longa via dividit æquore Seras,
Nec patiens tanti est mens generosa moræ
Dixit, et occiduas petit imperterritus Indos
Hudsonus, ut methodorem breviore paret.
Iamą, fretum superare novum, jam cœperat aut
Præmia, spondere ac pæni videre suis
Cum remoram tantis injecit nautica rebus
Turba, nec infonti parcere gnara viro
Sed remoram pergit noster, vel vincere certus
Vel (quod o averlant numina, sancta) mori
Audi vota Deus, fassifą, hunc adde Britannus
Seryato nuper Principe clare, diem

岛的通道；与此同时，约翰·史密斯船长（John Smith）于 1607 年在今天的弗吉尼亚建立了詹姆斯镇（Jamestown），并于次年成为该殖民地的领导人。这些殖民者靠着当地土著波瓦坦人的帮助才得以生存，但他们不仅活下来了，而且靠铁腕治理实现了几次颇有意义的探险。

史密斯之前接受的指示是，他"如果找不到黄金，找不到关于南方之海的信息，找不到关于（很久以前）瓦尔特·罗利爵士（Sir Walter Raleigh）在罗阿诺克岛丢失的殖民地的信息，就不得返回（英国）"。他在切萨皮克湾对面，溯波托马克河

TABVLA NAVTICA,
qua reprefentantur ore maritime
meatus, ac freta, noviter a
Hudfono Anglo ad Caurum
fupra Novam Franciam
indagata Anno 1612

GROENLAN-DIA

YSLANDT

Quine Elizabeth forlandt

Hebrides infulæ

SCOTIÆ PARS

（Potomac）而上，到达了今天华盛顿市所在的位置。这些都算不上什么了不起的成就，但还是可以与 1608 年法国人建立魁北克或西班牙人同年在新墨西哥建立圣菲（Santa Fe）这样的成就相提并论：他们都在这块大陆进行探险，都在付出巨大的努力后，到达了如今美利坚合众国的中心地带。

哈得孙的航海图

这幅航海路线图刊登在 1612 年在阿姆斯特丹出版的《基于地理发现的描述》（Descriptio ac delineatio geographica detectionis freti）一书中。这是第一张再现亨利·哈得孙（上图为绘制于 19 世纪哈得孙肖像版画）航海发现的路线图。

"五月花"号

这艘复制的帆船航行在美国马萨诸塞州普利茅斯沿海，以纪念1620年载着朝圣者们来到美洲的"五月花"号。

插图（右侧） 文森佐·科罗内利（Vincenzo Coronelli）于1693年制作的天球仪（藏于维也纳的奥地利国家图书馆）。

深入海岸线

通过一次又一次的海上探险，航海家们逐步探明了除无法抵及的海域外几乎所有海洋的海岸线。这时，探险家与殖民者们转而对诸如亚马孙、阿拉斯加、西伯利亚、密西西比等广袤内陆产生了兴趣。在筚路蓝缕之余，这些冒险家和海盗渐渐形成了独特的混合文化和生活方式。

17世纪头几十年的特点，是欧洲的扩张之势明显衰竭。在《威斯特伐利亚和约》终止了令欧洲陷入战争危机、人口危机和财政危机的三十年战争（1618—1648 年）之后，形成了一种建立在力量平衡基础之上的国际关系新体系。从此，欧洲各国，无论实行的是共和体制还是君主体制，都要通过权衡自身或所在国家联盟与潜在敌人的力量对比来对自己面临的国际形势作出判断。在威斯特伐利亚体系里，一些曾经的政治结构，比如西班牙哈布斯堡世界帝国（它是世界上第一个疆域覆盖欧、非、亚、美四洲的帝国）以及奥斯曼帝国，都渐渐衰落，势力消退。而荷兰人却称雄印度洋和大西洋，占据了从爪哇到巴西的大片土地。不断遭受致命威胁的英国人也不甘落后，奋起效仿。

在 1580—1640 年，几代"腓力"国王执掌的西班牙和葡萄牙联合王朝达到鼎盛。它强力把持着世界上多个相距遥远的繁华都市（塞维利亚、墨西哥城、利马、印度的果阿、中国的澳门等）的体制结构。那个世纪所谓的"黑铁时代"危机其实只是欧洲的危机。而世界其他地方都经历了非凡的发展；全球化的网络也得到了巩固加强。阿根廷图库曼的骡车载着智利的小麦、中国的瓷器和塞维利亚的圣母像络绎不绝地来到安第斯山上的美洲银都波托西市（今属玻利维亚）。在这第一波全球化浪潮中，处于战略枢纽要地的，显然是墨西哥。它位居欧亚之间，因而成为各方冒险家和闯荡天下之士首选的目的地，同时也成为全球商品、思想以及人员交流的平台。西班牙哈布斯堡帝国是由多个王国组合而成的，它们虽共同臣服于同一个帝国权力，但各自拥有迥然不同的法律和特性。它在政治上的这种分散性产生了地缘影响。如果说，早在 16 世纪中期，世界历史发展的逻辑已然从探索发现转向了殖民和建城，那么到了之后的一个世纪，占据历史舞台的就是深入大陆。这样一种方向的转变，在美洲表现得尤其明显，后来渐渐蔓延到了其他大陆。不可否认，这是与开放以及围绕着各类新产品（包括各种奢侈品以及烟草、茶叶和可可等日常消费品）进行的海外贸易的增长密切相关的。

奴隶贸易也呈指数级增长。荷兰人迎来了自己的鼎盛时期，资产阶级过上了舒适的生活。他们在自己位于爪哇和苏门答腊富饶的种植园里种植肉桂、胡椒、肉豆蔻以及丁香，并通过这些香料贸易发家致富。到 1669 年，荷兰东印度公司旗下拥有 150 艘商船，能调动 40 艘战舰，在这些船只上工作的雇员达到五万人之众，而士兵也不少于一万人。

声讨西班牙征服者

如何看待欧洲的扩张？在这个问题上，观点的摇摆很有意思：人们对欧洲扩张的看法日趋严苛，有些人开始认为欧洲在 16 世纪上半叶的扩张是一种属于过去时代的"毁灭性冒险主义"。其实，从一开始，人们对于欧洲人征服美洲，就是毁誉参半的；也正因为如此，征服美洲对于人权的定义起到了关键作用。1511 年，多明我会的蒙特西诺斯神父（Montesinos）震惊于西班牙殖民者对印第安人的所作所为，对他们对后者的剥削行径进行了揭发和批判。他对西班牙人以及其他欧洲人在新大陆存在的权威性、合法性和正当性提出了疑问。于是，信奉天主教的国王们召集神学家和法学家们举行了一次会议。这些学者确认：役使印第安人是正当的，也是必要的，但不应对他们进行灭绝，也不应妨碍对他们进行福音传教。他们起草了一些法律，以图稍微改善印第安人可怕的劳动条件并降低他们的死亡率。另一位多明我会教士则起到了决定性作用。那便是把一生都献给捍卫美洲原住民的巴托洛梅·德·拉斯·卡萨斯（Bartolomé de las Casas）神父。他反对从形式上通过法律来解决这一争议的做法，坚持揭露通过征服来夺取所有权的行径，认为这种行径既不正当，也违背了福音教义。这场争论在 1542 年（这一年，西班牙王室为征服殖民地规定了法律期限）至 1550 年之间达到了顶点。1550 年，巴托洛梅·德·拉斯·卡萨斯在瓦拉杜利德大学和继承了人文主义传统的胡安·吉内斯·德·塞普尔韦达（Juan Ginés de Sepúlveda）进行了一场激烈的辩论，后者坚称针对土著进行的战争应该是合法的，因为他们都是异教徒，而且都是野蛮人。就在塞普尔韦达宣称西班牙人的征服行为是合法的、欧洲人在智力上具有优势等论调之时，德·拉斯·卡萨斯则证明印第安人和欧洲人是相似的，甚至在某些方面超过欧洲人。结果，武力征服受到了人们的反对：只有自由的沟通、传教和贸易才能构成欧洲各王国存在于印第安，乃至构成欧洲在海外殖民的可接受的理由。

自我批判的能力

从文艺复兴时期到启蒙时代，在欧洲和美洲，都有哲学家、作家和评论家对探险家、航海家及征服者展开批评。这种自我批判的潮流，在当时，是世界其他地方所没有的一种显著的西方特色；同为西方特色的，还有教会与国家的逐渐分离、社会的日益世俗化，以及渐渐出现的所谓"市民社会"。

这场关于海外扩张是否合理合法的争论，波及范围之广超乎想象。米格

荷兰资产阶级的黄金时代

1579 年，荷兰联省共和国成立。这个共和国由荷兰的七个地区组成，短短几年后就发展成为 17 世纪的一个贸易大国。

庞大的舰队、有效的商人参与制度以及推崇勤劳致富的加尔文主义理念都是使荷兰得以在17世纪成为贸易大国的要素。随着东印度公司（1602年）和西印度公司（1621年）的先后成立，荷兰的影响力日益扩大，从欧洲走向全球，影响力达到了巅峰。于是，17世纪成为荷兰资产阶级的黄金时代，其价值观和理想在伦勃朗（Rembrandt）和维米尔（Vermeer）等艺术家的作品中得到了淋漓尽致的体现。荷兰的霸权一直持续到了17世纪末。法荷战争（1672—1678年）以及英国的崛起使荷兰丧失了海上的霸权，也促使荷兰的资产阶级转而寻求一些更加可靠的投资领域。

插图 1658年的阿姆斯特丹证券交易所。伊曼纽尔·德·韦特（Emanuel de Witte，1617—1692年）的画作（藏于荷兰鹿特丹的波伊曼·凡·布宁根博物馆）。

尔·德·塞万提斯（Miguel de Cervantes）的最后一部小说《贝尔西雷斯和西希斯蒙达历险记》（*Los trabajos de Persiles y Sigismunda*）于1617年出版，其中有一则说："发现新的世界，与不一样的人交流，能使人变得谦逊。"那一则讲的是安东尼奥带着自己的混血女儿康斯坦莎来里斯本的故事。为了让她做好迎接新生活的准备，作为提醒，他明确地告诉她这次旅行是一段走向解放的道路。通过旅行可以更好地认识世界，但目的绝不是去主宰世界，而应恪守节制、有所保留地接受这个世界。塞万提斯和莎士比亚是同一个时代的人，

他们同样对权力的滥用和疯狂进行了批判。他和德雷克、瓦尔特·罗利也生活在同一个时代。1596 年，德雷克因痢疾死于巴拿马地峡边。而罗利是英国的第一个吸烟者，是英国伊丽莎白时期一位典型的骑士，于 1618 年因叛国罪在伦敦被斩首。英国是应当时的新盟友西班牙的要求，对他处以极刑的，因为他在圭亚那寻找埃尔多拉多黄金国的探险中摧毁了几座西班牙的要塞。

塞万提斯对高歌猛进的发现与探险进行了全方位的道德评判，而康斯坦莎身为混血儿的特征则反映了另一个重要的时代要素。它使人们意识到，尽管在世界各地，尤其在大西洋两岸，出现了新的"种族杂居"现象，出现了新的"种姓阶层"，但人性是共通的。在人类之间进行比较总是应该的，而政治共同体应该建立在语言、宗教、权利和城市等元素形成的基础之上，而不应该以野蛮行径为基础。在另外一个层面上，从历史上来看，这种对旅行和探险的摈弃，并非西班牙所特有，而是西方共有的一种传统。早在《圣经》中描绘的时代，那种向往大海和远方而不愿意守着家园安分度日乃至离开故土前往他乡的人就一直受到批判：农民该隐杀死了他的兄弟牧羊人亚伯；以色列的神耶和华便判罚他永久流浪于伊甸园之东的挪得，一片条件恶劣的蛮荒之地。而古希腊神话中的尤利西斯"漂泊多年，到过许多不一样的城市，见识过许多不一样的风土人情"，他通过不断地突破边界锻造了自己的人格，但同时他也承受了将自我迷失在那些边界上的风险。同样，在塞万提斯的时代，耶稣会士胡安·德·马里亚纳（Juan de Mariana）对西班牙的海外扩张也进行了批判："所谓'帝国'，完全是一个毫无实质、毫无意义的名头。"1642 年，政治评论家迭戈·德·萨维德拉·法哈多（Diego de Saavedra Fajardo）把当时信奉天主教的欧洲各国君主的冒险意志和迦太基（早于古罗马的一个地中海强国）元老院的谨慎小心做了一番比较。他表达了对迦太基元老们的敬意，认为他们非常有智慧，因为他们下令把那些宣称在海外发现了富裕而美丽的岛屿的海员水手统统处死，以防范这类有害信息可能导致的道德堕落、自私自利和社会混乱，从而避免它们对迦太基共和造成的伤害。随后，英国的乔纳森·斯威夫特（Jonathan Swift）在其《格列佛游记》（1726 年）的一个著名篇章中揭示了所谓的"殖民"是怎样进行的。那就是一群海盗因为遭遇风暴而搁浅到了某一片热带海滩上，然后就霸占了那里的土地，并骄奢淫逸、肆无忌惮地加以破坏。法国的雷纳尔神父（Raynal）在其 1770 年的名著《欧洲人在印第安与印度开拓贸易的哲学政治史》（*Histoire philosophique et politique des établissements et du commerce des Européens dans les deux Indes*）中，对欧洲各国的殖民冒险进行了谴责，结果这本书就成了禁书。许多学者和作家都认为，远离故土家园的欧洲人一定会陷入懒惰淫逸、道德滑坡：他们恬不知耻地践踏所谓"野蛮人"的生命和领地，因而必定会堕落成真正的野蛮人。

跨越界限

1600 年以后，这种旅行的热潮并未消失，而是在接下来的几个世纪中变得更有目的性，更加集中于每块大陆上的一些特定地区。所以，从这时起，探险活动的规模缩小了，而其实践也充满了难以预料的变数。在这个世纪出现了一个典型人物，就是图库曼的假印加人佩德罗·博霍克斯（Pedro Bohórquez）。他其实可能是一个在 1628 年来到秘鲁的摩里斯科人，娶了安娜·博尼利亚（Ana Bonilla）为妻。而安娜·博尼利亚的父亲是桑博人（即黑人和美洲印第安人的混血），母亲是印第安人。这样一来，佩德罗·博霍克斯就得以同时生活在分别由非洲人、欧洲人和美洲人构成的三个世界中。他曾经努力博取秘鲁总督的信任，为他的马拉尼翁河（río Marañón，即亚马孙河）河源探险提供支持：他说他要去那里寻找如同埃尔多拉多黄金国一般神秘的帕依提提市（Païtiti）。

后来他一直受到检察官和法警的追捕，于是逃往了富裕的波托西，在那里他把自己伪装成某个教士的侄子。在两次马拉尼翁河探险计划流产之后，他被流放到智利南部的瓦尔迪维亚（Valdivia）监狱服苦役。在成功越狱后，他来到了图库曼。他在当地有一段时间所做的，是鼓励印第安卡尔恰基斯人（Calchaquis）皈依基督教，从而瞒过了西班牙人。随后，他鼓动卡尔恰基斯人叛乱。他一度把托隆邦（Tolombón）当作都城，建立起了自己的王国，借助木头大炮进行设防、展开防御。在自己的谎言被西班牙当局揭穿后，他毫不犹豫地与西班牙人进行了浴血奋战。1667 年，他在利马受审，并被判处死刑，罪名是利用自己跨越种族界限的身份谋利。其实在美洲的法国猎人和毛皮商人也是这么做的。他们中很多人都是混血儿，已经深入这块大陆的内部，但在到达密西西比河流域之前并未引起英国人的警觉。这些人完全不在乎地理传统，对这块大陆的幅员何其辽阔也一无所知。在他们的想象中，"幸福的太平洋海岸"就近在咫尺。1671 年，有几个英国鹿皮贸易商人在穿越阿巴拉契亚山脉时，甚至以为自己远远地看到了太平洋的海岸。而实际上他们距离那道海岸还有几千公里之遥。三年后，某位商人手下一个名叫乔治·亚瑟（George Arthur）的地位低微的仆人来到了俄亥俄河谷，并沿

探索北美洲

除了维京人在公元 10 世纪到过纽芬兰以外，欧洲人对北美洲的真正探索开始于 16 世纪。而且这个过程一直贯穿了随后的一个世纪……

由于西班牙和葡萄牙对中美洲和南美洲的捷足先登，英国、法国和荷兰只好把目光转向这块大陆的北方。他们的目标本来是寻找西北通道，因为在当时人们的想象中存在着这样一条连通大西洋和太平洋、通向亚洲的通道。结果，这场探索导致他们发现了北美洲这块幅员辽阔的大陆，于是他们开始在那里殖民。1607年，英国人在如今美国的弗吉尼亚州建立了自己在北美的第一个定居点。一年后，法国人在魁北克建造起一座堡垒，并对罗亚尔港以北的地区进行了探索。荷兰人则于1625年建立了新阿姆斯特丹（即今天的纽约）并开始对后来以英国人亨利·哈得孙的名字命名的加拿大海湾展开探索。

烟草的种植

烟草这种植物是美洲带给世界的一项巨大贡献，它的推广种植很快就取得了商业上的成功。上图为《特鲁希略图志》（*Codex Trujillo*）中的一幅水彩画，该图志的作者为巴尔塔萨·马丁内斯·康帕尼翁（Baltasar Martínez Compañón，1737—1797 年）。

阿拉巴马河顺流而下到达了加勒比海岸。就这样，随着一次次的探险，这块大陆地域之广大渐渐清晰起来；然而，那些在地理认识上持有错误成见的人却依然不打算改变自己的观点。

清教徒的海岸

由于坚信自己掌握的地理信息无可置疑，所以英国人从北美洲东海岸殖民地——最初那块狭长地域——向大陆内部推进的进展非常缓慢。1620 年，"五月花"号（Mayflower）带来的英国和荷兰朝圣者们在现在的马萨诸塞州（Massachusetts）建立了普利茅斯市（Plymouth）。在印

自伦敦和布里斯托尔

拉布拉多

波旁堡

鲁珀特地

纽芬兰

奥尔巴尼堡 魁北克
蒙特利尔 阿卡迪亚 路易斯堡
新法兰西 罗亚尔港 自翁弗勒尔
缅因 新苏格兰
底特律庞恰特雷恩堡 波士顿 自英格兰

新阿姆斯特丹
（纽约）
英国殖民地
尼亚
新墨西哥 圣达菲 路易斯安娜 詹姆斯敦
查尔斯顿
新西班牙总督辖区 圣奥古斯丁
蒙特雷 佛罗里达

萨卡特卡斯 哈瓦那

第安人的帮助下，他们熬过了自己在北美洲的第一个冬天，并且很快认识到：想要大家都能活下去，只有出海捕鱼，因为在如此恶劣的低温环境下，依靠农业生存是非常困难的。10 年后，马萨诸塞海湾公司又带来了一批清教徒，他们建立起了波士顿市（Boston），后来又分散到了新英格兰全境。他们也是靠同样的办法活下来的。

生活在这些孤立的核心城市里的，都是属于不同新教教派的移民。他们中的绝大多数之所以来到这里，是为了逃避那个被教派迫害和内战撕裂的英国。一开始，虽然那些来自五大湖地区的皮货商的经销渠道非常活跃，但他们并不能从中

搭乘"五月花"号奔向自由

在国王詹姆士一世治下的英国，英国圣公会的宗教迫害促使一群被后人称为"父辈朝圣者"的清教徒们离开英国前往北美洲建立"新耶路撒冷"。

1620年9月16日，"五月花"号从英国的普利茅斯港启锚前往新大陆。船上搭载了102个男人、女人和孩童。他们心怀新教改革的理想，想要建立一个严格符合加尔文所诠释的教义的社会。他们就这样逃离了教会的迫害，奔向了充满希望的新世界。"五月花"号用了两个月时间横渡了大西洋；乘客们于11月26日在今天美国的马萨诸塞州上岸，他们在那里建立起了普利茅斯定居点。直到如今，许多美国人依然认为这些"父辈朝圣者"才是美国真正的奠基者。

插图　右图为"五月花"号的复制品。左图是帕图西特族印第安人的头像，帕图西特族是马萨诸塞的一支土著人部落。该头像制作于17世纪（私人收藏）。

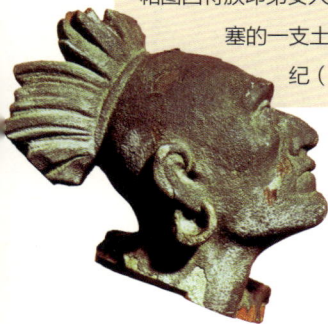

获取利益。为了打破孤立，他们必须融入英属加勒比海地区繁荣的贸易之中。自从英国1655年占领牙买加以来，那个地区的贸易越发兴旺起来。他们由于拥有造船的技术，可以和该地区的巴巴多斯等岛屿开展贸易。他们把自己的鱼、木材和利口酒运到那些岛上，换回奴隶和葡萄酒，再转手倒卖赚取丰厚的差价。这样就形成了欧非美三角贸易的雏形，而这一三角贸易将在一个世纪以后获得蓬勃发展。

❶ 船长舱 "五月花"号是一艘吨位较小的船，船身长约30米。船长和军官们住在艉楼的下面，而水手们住在底层舱室。

❷ 第一层甲板 在此类船舶上，空间非常珍贵，"父辈朝圣者"们只能住在原本用于安装大炮的空间里（"五月花"号携带了12门大炮，被收存在底层船舱中）。

❸ 卧室 有一些家庭用板子搭了些小舱室，营造出了一点点私密的空间。尽管船上条件非常有限，但在横渡大西洋过程中还有一位婴儿在船上出生。

❹ 货舱 朝圣者们携带的货物存放在一些大木桶中。虽然"五月花"号到底采用了什么技术已不得而知，但人们公认它当时运输了多达180桶货物。

❺ 顶层甲板 天气好的时候，水手们会让这些殖民者离开拥挤窘迫的船舱，登上顶层甲板去呼吸一下新鲜的空气。

❻ 船楼 厨房就设置在这个远离风浪侵袭的区域，负责为全体船员和乘客做饭；这里还有一个贮藏给养和食物的贮藏室。

纽约的天命

直到 1692 年以前，新英格兰的商人们还没有探索过整个俄亥俄河谷。不过，1625 年由 270 个殖民者建成、时称"新阿姆斯特丹"的纽约坐拥濒临哈得孙河之便利，令它的商人们在与波士顿同行的竞争中占尽了先机。波士顿的商人们专注于从事长途贸易和军火生意，而哈得孙河畔的荷兰人从这个地方的战略开发中谋取了巨大的利益。那里起初只是一个防御要塞，未来将要成长为摩天大厦鳞次栉比的城市。在向土著人买下曼哈顿岛之后，荷兰人就控制了那片海湾，控制了皮毛

北美大陆的土著人

"五月花"号的朝圣者们于1620年建造普利茅斯之时，他们很快就与美洲的印第安人建立起了良好的关系。印第安人甚至向他们提供种子、教他们捕鱼，帮助他们在当地生活下去。这样一种博爱和睦的氛围持续了差不多12年。但随着到来的欧洲移民越来越多，他们想要在当地取得主宰的地位，就开始了对印第安部落的镇压。这样一种冲突的关系就成为殖民过程中的常态。在这个过程中，欧洲人接触到了许多不同的部落。比如生活在今天美国西南部的霍皮族人和祖尼族人，他们住在夯土建造的村落中，主要以种植玉米为生，同时不断受到阿帕奇人的威胁。大平原上的苏族人和黑脚族人过着游牧的生活，而东北部的易洛魁族人则主要从事农业和渔业生产。欧洲人用自己带来的武器和疾病消灭了许多土著族群，而剩下来的土著人则退居到了保留地中。有一些部落，比如阿帕奇人，通过建立起一种帝国体系，采取了对欧洲人的防范策略。右图为一幅创作于1879年的版画，描绘的是哈得孙湾公司代表们与北美洲印第安人进行交易的场景。

战士的佩饰 大平原上的印第安战士都佩戴着这种用兽皮和熊爪制作的项链。

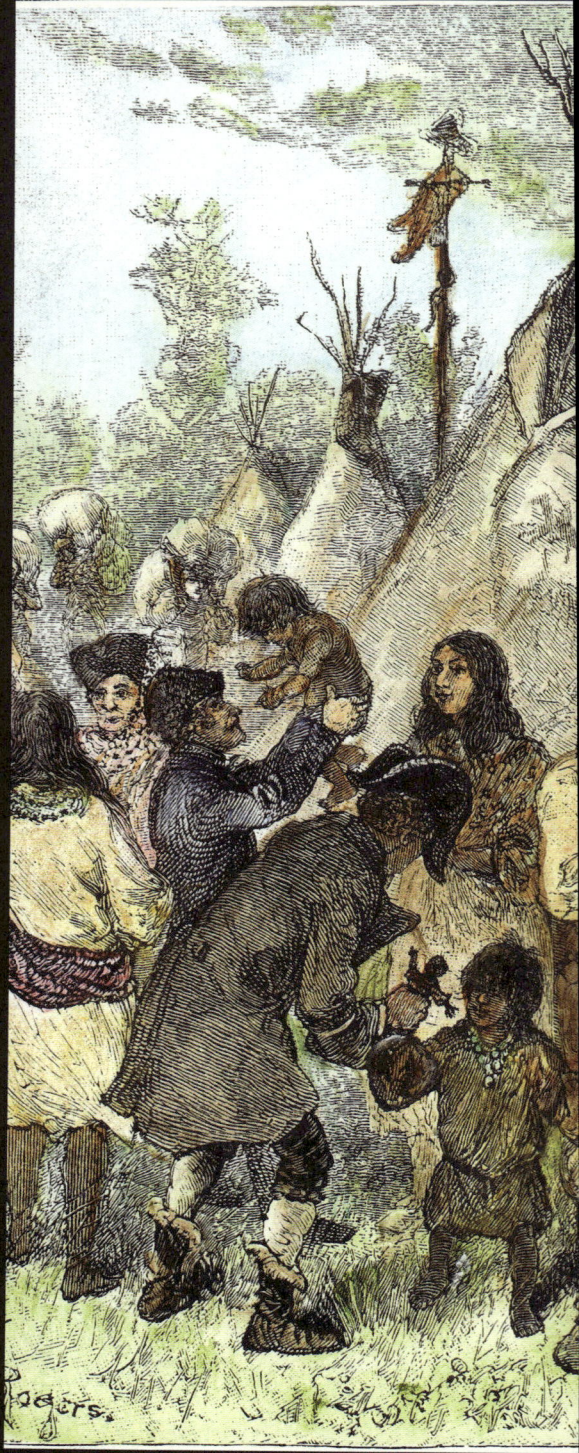

克利人　　原住民部落
东北部地区　文化的区域分布

西北
沿海地区

亚北极地区

克利人

大平原地区

阿冈昆人

东北部地区

休伦人

易洛魁人

高原地区

加利福尼亚

西南部地区

东南部地区

地理分布　欧洲殖民者们遇到的北美印第安人并未形成同一的族群。他们分布在八个地理区域中，有各自不同的语言和生活方式。这些区域分别是：亚北极地区、东北部地区、东南部地区、西北沿海地区、加利福尼亚地区、高原地区、大平原地区（这里的一些印第安族群因为美国征服西部的史诗而闻名世界）和西南部地区。

与自然和谐相处　印第安各族群，无论是定居的还是半游牧的族群，都过着与周遭环境和谐相处的生活。比如生活在大平原上的苏族部落就过着跟随所捕猎的野牛迁徙的生活；而白人殖民者的到来才使这种大型食草动物陷入了灭绝的边缘。印第安人认为身边的万物皆有灵魂，动物尤其如此。上图为约翰·怀特（John White）于1585年画的波密欧的阿尔冈昆小村（私人收藏）。

贸易的要道。这样一来，就算法国人占据了内陆的湖区和货源，就算波士顿人处心积虑地想要从皮毛贸易中分一杯羹，都无干大碍了。

说实话，他们确实没有多少机会了。这个地区的蓬勃发展，促使探险家们为了寻找价格昂贵且备受欢迎的北方动物的毛皮而进一步向北探索。而这些商品的交易一直是在哈得孙湾进行的，这就使得 1664 年被转手给英国人的纽约得以持续从中受益。作为纽约曾经的主人，荷兰人承认了这一转让。作为交换，英国人把位于现印度尼西亚的一座岛屿交给了荷兰人，并且承认荷兰对苏里南（Surinam，即原荷属圭亚那）的占有。荷兰人未来一定会为此感到后悔。因为早在当时，这座新兴的城市已经展现出了独有的特质。这种特质是由不同种族杂居的人口、岛城独特的环境以及居民对营利事业的热爱共同造就的。当然，在美洲大陆上，各种利益、各种联盟也朝四面八方伸开了它们的触角。

越过密西西比河

新法兰西的居民们很快就意识到，五大湖区严酷的冬季对于他们定居点的发展构成了严重的束缚。漫长的冬天使他们可以进行皮毛贸易的时间局限于一年中的短短几个月。而皮毛贸易维系着他们与世界的联系。他们采取的殖民政策介乎具有高度组织纪律性的西班牙城市模式和基于宗教派别而缺乏制度控制的英国模式之间。他们在 1634 年发现了密歇根湖。之后，他们艰难地向南进发，并从印第安人口中得知前面有一条"直通大海的大河"。但由于遭到易洛魁人的反对，他们无法继续前进。1673 年，新法兰西政府委派皮毛商人路易·乔里耶（Louis Jolliet）去寻找通向那个方向的路线。

于是，他从圣伊格纳修斯（密歇根）的传教士驻地出发，沿威斯康星河前进，找到了密西西比河。但这条河并非像他期待的那样通往太平洋，而是径直南下注入加勒比海。

在阿堪萨斯河汇入密西西比河的地方，路易·乔里耶和他的同伴们开始折返，向着今天芝加哥所在的方向前进。几年后，1682 年，勒内-罗贝尔·卡弗利耶·德·拉·萨勒（René-Robert Cavelier de La Salle）划着印第安独木舟完成了密西西比河的全程漂流。他从伊利诺伊出发，一直来到了墨西哥湾，并以路易十四的名义占领了那里。他把那个地方命名为"路易斯安那"，以表示对太阳王路易十四的致敬。这是一项伟大的发现，因为这条巨大的河流很可能成为法兰西帝国在北美洲的脊梁。但是两年后，当他试图以路易斯安那总督的身份回到那里时，就没有那么成功了：他的船队成员在饥饿的折磨、印第安人的攻击下，有的当了逃兵，有的起来叛变。1688 年，驻守在圣路易要塞（位于今天的得克萨斯州）的最后 20 个成年人遭到卡兰卡瓦斯人（意为"爱狗人"）的袭击而全部身亡。当时幸存的五名儿童则被那些印第安人抓走。

之后便再无他们的音信了。在勒内-罗贝尔·卡弗利耶·德·拉·萨勒死后，一位名叫路易·艾纳班（Louis Hennepin）的方济各会传教士探索了密西西比河的上游，还被苏族人擒获。苏族人在打猎时把他带到了密西西比河的西岸。这促使他后来成为建立路易斯安那殖民地的推动者。当然，这是因为他活了下来，才有机会向人们讲述他的这段经历。1683 年，他出版了一本书，题为《在新法兰西西南部新发现的路易斯安那考察记》（*Description de la Louisiane, nouvellement découverte au sud-ouest de la Nouvelle-France*）。

在加利福尼亚遥想中国

在墨西哥总督辖区，历代总督都毫不犹豫地发动了向北的扩张。1598 年，胡安·德·奥纳特（Juan de Oñate）向北方进军。三年后，这位来自萨卡特卡斯（Zacatecas）的克里奥尔人带着 150 名士兵和 12 名方济各会传教士终于到达了北美大平原。不出所料，他想要找寻的，除了财富以外，还有通向太

尤西比奥·奇尼：探索美国的探险家

在17世纪下半叶，寻找一条通往中国的捷径依然是许多西方人挥之不去的梦想。耶稣会教士尤西比奥·奇尼就是其中一员。虽然他没有实现这个梦想，但成功地扩大了新西班牙的疆界。

从还在特伦托耶稣会学校上学的少年时代起，尤西比奥·奇尼就梦想和自己崇拜的圣方济·沙勿略那样前往亚洲去传教。不过，等待着他的，却是不一样的命运。1681年，他来到墨西哥加入了伊西德罗·德·阿通多·安蒂隆海军上将（Isidro de Atondo y Antillón）准备对下加利福尼亚进行的探险。下加利福尼亚是一片一直在对各种殖民企图进行抵抗的地区。这并不是这位耶稣会会士参加的唯一一次探险。他对介于索诺拉州北部和亚利桑那州南部之间的上皮梅里亚地区的探险就非常有意义。尤西比奥·奇尼探遍了那一整片地区，同时建立了一些传教点，并在印第安人中进行了布道。他还从那个地区出发，探索了科罗拉多河及其支流吉拉河，以及马格达莱纳河，还证明了下加利福尼亚并不像当时的人们所以为的那样是个岛屿，而是一个半岛。

插图 上图为奇尼神父在美国西南部建立的传教点分布图。

平洋的通道。奥纳特在那里遇到了一些城市化的印第安人和一些半游牧战士。他和后者而非前者建立起了良好的关系。1604 年，在到达科罗拉多河下游后，他决定转向加利福尼亚湾进发。他看到加利福尼亚湾的海岸线一直向西延伸，于是他便觉得那种存在着一个与北美大陆分离的"加利福尼亚岛"的说法越发可信了。

要把新墨西哥和该总督辖区其他地区连接起来，就需要寻找另一条海路。但这一需求一直没有得到满足。继续进行这一探索的，是意大利耶稣会会士尤西比奥·弗朗切斯科·奇尼（Eusebio Francesco Chini）。奇尼是美国西南部及墨西哥北部开发历史上的一位核心人物。他既是外交官也是传教士，还是把禽畜及农作物引进到锡那罗亚和亚利桑那的人；从 1687 年到他去世的 1711 年间，他还创立了多项传教使命。他最出色的贡献，是发现了两条通向北方的大路：一条穿过沙漠，直到尤马（Yuma），连接着康塞普申河谷和吉拉河谷；另一条沿着这条水流以及科罗拉多河直抵加利福尼亚湾。所有这些探险，究其根本，都源自传教士们自古以来对中国的向往。寻找一条通向亚洲的快捷通道，依然是萦绕于西方人心头的一个梦想。

西伯利亚和海象

在整个 18 世纪，促使人们深入陆地内部进行探险的一大原因，就是皮毛交易，其重要性不言而喻。西伯利亚就是一个典型。多条由南向北流动的河流可以帮助人们到达皮毛的产区，但要在每条河流之间的陆地上行进却极其困难。商人和猎人每年都要把一定数量的皮毛当作赋税交给沙皇，剩下来的就归自己了。他们大约在 1620 年渡过了贝加尔湖，在 1633 年渡过了勒拿河。海象捕猎者们还资助"科赫"号（Koch）进行了几次北冰洋探险。"科赫"号是一艘 18 米长的方帆船，其曲线型船身能够推开冰块。1644 年，皮货商和捕猎者到达了科累马河（Kolyma），在那里遇到了楚克奇人。楚克奇人冬天住在土筑的窝棚里，夏天住在用鲸鱼皮和鲸鱼骨架搭的棚子里。当时的俄国探险者们梦想在这个地区找到传说中那个富产象牙、大理石、白银堆成山和珍珠铺满湖的波吉察王国（Pogycha）。这个关于波吉察王国的传说堪称埃尔多拉多黄金国传说的西伯利亚版本。农民出身的猎人西

捕猎海象

这是一幅象牙雕刻画，制作于 20 世纪，描绘了迄今依然生活在西伯利亚东北角平原上的楚克奇人捕猎海象和鲸鱼的传统活动。对于生活在北极地区的所有民族来说，捕猎和捕鱼都是他们主要的食物来源。

蒙·杰涅夫（Simon Dejnev）曾经指出，在这样的纬度，"物资匮乏、极度贫困和沉船落水"都是生活的常态。他的这种认识是建立在实践经验基础上的。1648 年，杰涅夫来到了西伯利亚北部。他探察了阿纳德尔河流入太平洋的河口，还成了第一个到达那道将亚洲和美洲分开的海峡的人。

俄国人还探索了更靠南的阿穆尔河（黑龙江——译者注）和安加拉河。他们付出了可怕的代价，才得以在通往中国的道路上建立起定居点，并于 1689 年和中国签订了划定两国边界的条约。俄国人并不止步于西伯利亚的这片区域，而想探索是否存在一条连接亚洲和美洲的北方通道。1724 年，沙皇彼得大帝在去世前的高烧状态中恍惚看到了上天的启示。他立即下令俄国海军的丹麦籍军官维特斯·白令（Vitus

维特斯·白令：冰雪王国的探险者

原籍丹麦的维特斯·白令效命于矢志将俄国打造成现代欧洲强国的彼得大帝。他对北太平洋进行了探索，以评估在北美洲建立俄国殖民地的可能性。他通过开始于 1725 年的探险航行发现亚洲大陆和美洲大陆之间没有陆地相连。

虽然起步晚于其他欧洲国家，但俄国人还是加入了这场对世界进行探险和殖民的竞赛。其主角就是维特斯·白令，他于1728年第一次到勘察加探险时就航经了那道把亚洲最东端与北美洲最西端分离开来的海峡。而他的第二次探险受命于俄国的安娜女皇，名为"北方大探险"（1733—1743年），是一项更加雄心勃勃的使命。其任务是探索俄国的北方海岸以及鄂霍次克海（勘察加半岛东面的海域）与日本和北美洲之间的海路，并且绘制北美洲西海岸的地图。在沿北美西海岸航行时，白令及其副手阿列克谢·奇里科夫（Alekseï Tchirikov）发现了阿留申群岛的一部分，并到达了阿拉斯加海岸。这位丹麦人再也没能回到自己的家中，因为他于1741年死在了以他的名字命名的岛上，但他的发现为俄国在该地区的扩张奠定了基础。

插图 维特斯·白令半身像（藏于俄罗斯莫斯科国立蒂米里亚泽夫生物学博物馆）。

Béring）率队沿北纬60度线穿过西伯利亚前往堪察加半岛。经过三年一万公里的跋涉，白令成功抵达了太平洋沿岸的鄂霍次克（Okhotsk）。当时的鄂霍次克只是一个由十一个窝棚组成的小村子。白令建造了一艘船，于1728年夏天出海。在沿着海岸线向北航行了1600公里之后，他确信自己到达了亚洲大陆的终点，确实有一片海洋把亚洲和美洲分开了。1733年，他率领一支3600人的浩大的远征队再次来到这些地方。这一次，他的任务是探索北冰洋、寻找一条通往美洲的道路、和日本开展贸易以及为庞大的沙皇帝国的各条边缘之间确定一些可行的内部交通路线。1738年，他又一次来到了鄂霍次克。当时有很多人都相信可以一直航行到北极，但他对这一点有所犹疑。他的一些下属成功地抵达了萨哈林岛（库

俄国舰船在勘察加半岛

因为勘察加半岛上火山众多，所以西蒙·杰涅夫以及在 17 世纪中期到过那里的其他俄国探险家都将其描绘为"烈火之地"。他们还指出，那里有着丰富的猎物和鱼类资源，尤其是富产皮毛，而且当地原住民愿意出售他们拥有的皮毛。这样的描述激发了沙皇征服那里的兴趣。维特斯·白令在第二次远征勘察加（1733—1743 年）时，在太平洋沿海的阿瓦查湾的阿瓦查火山脚下建立起了彼得罗巴甫洛夫斯克市。这幅由格奥尔格·威廉·斯托勒（Georg Wilhelm Stöller，1709—1746 年）为 1744 年在德国莱比锡出版的《勘察加土地志》（Description de la terre de Kamtchatka）一书所作的木刻画，画的就是这座城市。

页岛——译者注），有的甚至登陆了日本。1741 年，白令探索了阿留申群岛，还在不自知的情况下登上美洲大陆。在返航途中，白令死于"饥寒交迫、病痛交加"。随同他一起探险的德国博物学家格奥尔格·斯特勒（Georg Steller）以及他的私人医生就是这样向俄国当局汇报的。医生证明，白令在生命最后的时光，把自己一半的身体埋在沙子里，试图以此来抵御极地冬季的严寒。

114

迷失于亚马孙流域

1542 年，弗朗西斯科·德·奥雷利亚纳（Francisco de Orellana）从基多出发，沿亚马孙河而下，直到它的入海口，第一次实现了对这条河流的全程探索。此后，对南美大陆内部这片广阔区域的探险经历了几个阶段。第一阶段的参与者包括数代征服者。他们所梦想寻找的，不管是被他们叫作"黄金凯撒城""肉桂之乡"，还是"黄金半岛"，其实都是传说中的埃尔多拉多黄金国。埃尔南·佩雷斯·奎萨达（Hernán Pérez de Quesada）、贡萨洛·皮萨罗（Gonzalo Pizarro）、菲利普·冯·赫滕（Philipp von Hutten）、迭戈·德·奥尔达斯（Diego de Ordás）以及瓦尔特·罗利都曾经为了寻找它而迷失于亚马孙河流域。不过，没有任何人比"疯子"洛普·德·阿奎尔更痴迷于这一不可能实现的幻想了。即使欧洲人与印第安人接触导致瘟疫蔓延，即使自然环境恶劣，即使种族冲突和奴隶反抗等暴力事件频发，即使诸多不利因素令冒险家们之间的关系变得极其复杂，也不能阻止他去追寻这一梦想。1550 年秘鲁征服者之间的"内战"结束，为几十年前就来到巴拿马的洛普·德·阿奎尔的遭遇掀开了新篇章。他觉得人们缺乏对征服者的尊重，并为此感到愤怒，所以就加入了一支为了"扫荡大地"而成立的秘鲁远征军。所谓"扫荡大地"，就是要把那些叛乱的老兵赶到森林里去，让他们在那里自生自灭。1560 年 9 月 26 日，这支由大约 300 个西班牙人、500 个土著人下属以及奴隶组成的队伍离开了利马。据阿奎尔后来的说法，"我们在马拉尼翁河上多次遭遇死亡，历尽艰辛，花了十个半月才看到了入海口和大海。确切地说，我们用 100 天的时间走完了 1500 里路。这条河真是大得可怕：它的入海口有 80 里长的淡水带，还有 6000 座小岛"。1561 年 3 月 23 日，阿奎尔给腓力二世写了那封著名的书信。在那之前，他参与杀死了乌尔苏阿（Ursúa），还杀死了混血女子伊内斯·德·阿蒂恩扎（Inés de Atienza），以防止队伍中的男性为了争夺她而起内讧。阿奎尔自封为统领秘鲁、梯也拉费姆以及智利的亲王，用铁腕手段领导幸存下来的"马拉尼翁军人"（指前述远征军成员——译者注）。"是他们推举我做他们的统帅。就因为我不容忍他们的侮辱和恶行，他们就想杀了我。结果反而是我杀掉了他们的新国王、卫队长、少将、四个上尉、总管、布道神父、司铎、一个加

发现亚马孙河

1500年

河口地区 文森特·亚涅斯·平松发现并探索了亚马孙河的入海口。

1542年

全程航行 弗朗西斯科·德·奥雷利亚纳从厄瓜多尔的安第斯山出发一直航行到亚马孙河入海口，实现了首次亚马孙河全程航行。

1559年

"疯子"阿奎尔 佩德罗·德·乌尔苏阿（Pedro de Ursúa）组织了一支从秘鲁出发探索亚马孙河的远征队。结果他被洛普·德·阿奎尔杀害了。

1637年

秘鲁的白银 佩德罗·泰克谢拉从亚马孙河入海口逆流而上，直到安第斯山。他的目的是为运输南美白银寻找一条捷径。

1640年

耶稣会会士到来 泰克谢拉带着克里斯托瓦尔·德·阿库尼亚（Cristóbal de Acuña）和何塞·德·阿蒂达（José de Artieda）沿亚马孙河顺流而下。这标志着耶稣会开始统治这个地区。

1689年

亚马孙河流域地图 耶稣会会士塞缪尔·弗里茨（Samuel Fritz）为了绘制亚马孙河流域地图而沿河探索，该地图于1707年出版。

探索亚马孙河

亚马孙河如大海般宽广的河面以及两岸郁郁苍苍的丛林深深地震撼了最先到来的探险家们。在他们的想象中，这条河的流域里就封印着埃尔多拉多黄金国的秘密。

1542年8月26日，经过七个月4800公里的航行，弗朗西斯科·德·奥雷利亚纳及其队伍成为第一批走完亚马孙河从安第斯山到入海口全程的欧洲人。此行并不顺利，远征者的队伍也渐渐散乱。尤其是，他们还受到了一群印第安女人的攻击。按照卡瓦哈尔神父的说法，那些印第安女人勇猛彪悍，"打起仗来一个抵得过十个印第安男人"，简直就像古希腊神话里的"亚马孙"女战士。由此，这条河流就被命名为"亚马孙河"。将近一个世纪后的1637年，葡萄牙人佩德罗·泰克谢拉再度谱写了这一伟业。不过这一次，他是从入海口出发，逆流而上直到基多，目的是探寻一条能把秘鲁总督辖区与大西洋联结起来的路线。1640年发生的起义终结了西班牙王室对葡萄牙和巴西的统治，也使人们无法在这条路线上展开新的探险。

插图 葡萄牙绘制的亚马孙河流域地图（1630年）。

入了反对我的阵营的女人、罗达斯的一个指挥官、海军上将以及两个少尉，还有他们的五六个同伙。我把他们统统吊了起来。"一切证据都表明，阿奎尔和他的同伙一直航行到了委内瑞拉。1561年10月27日，这个"暴君"手持利剑，死在了巴尔基西梅托（Barquisimeto）。他在死前先杀掉了自己的女儿埃尔维拉（Elvira），因为"与其让她在我死后被人叫作叛徒的女儿，不如让她在我活着时作为国王的女儿死去"。

白银花园

岁月流逝，亚马孙河流域一直吸引着那些相信埃尔多拉多黄金国神话的人。1629 年，安东尼奥·德·莱昂·派尼洛（Antonio de León Pinelo）在马德里出版了一部《关于航海与地理的东西方文献概略》（*Épitomé de la bibliothèque orientale et occidentale, nautique et géographique*），这是历史上第一部专门研究新大陆的书志。这部《概略》流传甚广，其第十二和十三卷专门记述了关于巴西圣克

黑白混血儿

图为扎卡里亚斯·瓦格纳（Zacharias Wagner）在 1634 年左右为新荷兰（巴西）总督约翰·莫里茨·范·拿骚-西根（Johan Maurits van Nassau-Siegen）所作的《图志》中的插图，描绘的是多种类型的巴西人中的一种。

117

鲁斯、马拉尼翁以及埃尔多拉多黄金国的故事。它秉持着文艺复兴时期人文主义塑造的博学精神，收集了由古至今的众多文献资料，包括许多作者和旅行者的叙述、自然历史、短诗、对话、描述、指示、观察、评论、路条、文学作品以及注释。其中收录的主要作者和旅行者有：泰奥多尔·德·布里（Théodore de Bry）、约翰内斯·德·莱特（Johannes de Laet）、弗朗西斯科·德·奥雷利亚纳、贡萨洛·费尔南德斯·德·奥维耶多（Gonzalo Fernández de Oviedo）、洛普·德·维加（Lope de Vega）、蒂尔索·德·莫利纳（Tirso de Molina）、瓦尔特·罗利以及理查德·哈克卢伊特。莱昂·派尼洛提取出了这些人对于亚马孙河流域的一致看法，宣称该地区的真正中心就在波托西山上，或者说在安第斯山脉的群山之中。像通常的地图一样，派尼洛在《概略》中把那里众多的河流描绘成大树的繁茂枝条，而它们结出的果实，就是那座富产白银的大山，那里有世界上最丰富的白银矿藏。所以，后来有一本在 1656 年出版的《新大陆上的天堂》（*Le Paradis dans le Nouveau Monde*）的书（分为《印第安地区的辩解》和《印第安的自然历史》两个部分）还专门对"人间天堂到底在哪里"这个问题进行了探讨，一点也不令人感到惊奇。按照那本书所说，人间天堂毫无疑问应该就在亚马孙河的源头。

巴西的亚速尔人

1619 年，也就是巴西设立马拉尼昂州（Maranhão）的两年前，西蒙·伊斯达肖·达·西尔维拉（Simão Estácio da Silveira）来到了那里。那片土地位于亚马孙河流域，包含了未来的马拉尼昂和帕拉两个都督辖区以及内格罗河在内。为了鼓励亚速尔群岛的民众移居到那个地区，西尔维拉于 1624 年在里斯本出版了一本专门写给"王国里的穷人们"的书。在介绍完发现新大陆的历程后，他满腔热情地把那里描绘成一个珍宝遍地、气候宜人、水质纯净、土壤肥沃的好地方。针对有些人所说的在巴西吃不到面包也喝不上葡萄酒的问题，他专门用了两章的篇幅来阐述那里的木薯和蜂蜜酒（以及腰果）就能轻松地弥补这个不足。由于当时的巴西还没有开始饲养禽畜，他还如数家珍一般介绍了当地的鸟类、鱼类、海鲜、蔬菜、豆类、树木和果实，宣称这些都可以成为新移民的食物来源。

1626 年，在获得远征马拉尼昂总检审庭庭长一职后，西尔维拉向国王腓力四世（Philippe IV）提出了一项建议。他认为，与其用骡子把秘鲁的白银从波托西拉到利马，不如先利用亚马孙地区的河流航运，再取道印第安海上商路转运至巴拿马、波多贝罗、哈瓦那和西班牙。他声称，采用这种方式运送白银到欧洲，一次只需要四个月。1637 年，马拉尼昂州长贾科姆·雷蒙多·德·诺罗尼亚（Jácome Raimundo de Noronha）命令佩德罗·泰克谢拉（Pedro Teixeira）上尉去"探明整个亚马孙河流域，直到基多城"。而泰克谢拉的远征就证明了西尔维拉对于该地区地缘价值的预言是正确的。在那之前不久，有两位方济各会士，多明戈·德·布里瓦（Domingo de Brieva）教士和安德列斯·德·托莱多（Andrés de Toledo）教士，在六个士兵的护送下，顺流而下到达了帕拉的贝伦（Belém）。虽然当时西班牙和葡萄牙还属于同一个君主治下，但这两位教士的举动还是引发了一系列司法管辖权方面的争议。同年 10 月，泰克谢拉开始沿亚马孙河逆流而上。他的远征队承担着输送移民的使命，共有 70 艘独木舟、70 名士兵、1200 名印第安人以及一些男人、女人和儿童，总计约 2500 人。他们从托坎廷斯河上的卡梅塔（Cametá）出发，借道古鲁帕河转向内格罗河，再转道索利蒙伊斯河继续前进。在涉过纳波河后，远征队取道陆路顺利地登上安第斯山，抵达基多。按照秘鲁总督的命令，泰克谢拉于 1640 年葡萄牙恢复独立前夕返回了下游的帕拉。在那之后，阻止巴西的葡萄牙人利用与秘鲁之间的这条交通线进行走私，对于西班牙委任的各地长官来说，就成了一项无法推卸的要务。

巴西旗匪

随着葡萄牙恢复独立，亚马孙河流域又变成了西班牙传教士和葡萄牙奴隶猎手的相争之地，双方不断在那里发生冲突。耶稣会获得了西班牙王室的许可，对巴拉圭的土著人开展军事训练。它沿着森林的边缘建立了一系列传教驻地，形成了一条一直延伸到委内瑞拉的势力带，把沿线的农业生产庄园和重要城市的学校串联了起来。但这些传教士很容易遭到土著人以及来自巴西的奴隶猎手团的袭击。奴隶猎手团即所谓的"旗士团"（bandeiras，意为"集结在战旗之下的人"），其

巴西的旗匪、奴隶以及黄金

　　虽然亚马孙河流域并不存在什么神秘的埃尔多拉多黄金国，但那里的土地并不贫瘠。人们在那里发现了黄金、宝石，还有一种炙手可热的商品：那就是可以用来充实奴隶市场的印第安人。

　　从17世纪20年代开始，巴西蔗糖产区对劳动力需求巨大，刺激了旗匪开展奴隶交易。旗匪是一些武装团队，他们游弋在亚马孙丛林里猎捕印第安人。有的旗匪实际上就是所向披靡的军队：1628年，旗匪安东尼奥·拉波索·塔瓦雷斯就以葡萄牙的名义占领了乌拉圭河以东的一块土地，而根据《托德西利亚斯条约》，那块土地是被划归西班牙王室的。他们还侵扰耶稣会会士控制的范围，因为耶稣会的"驻地"里收容着瓜拉尼人。许多传教驻地就这样被旗匪们摧毁，还有一些被废弃。当然，旗匪也有失手的时候。比如在1641年的姆博罗战役中，耶稣会会士们把瓜拉尼人武装起来，并指挥他们打败了来犯的旗匪。

　　插图 卡洛斯·朱利昂（Carlos Julião，1740—1811年）创作的版画，画的是奴隶们在巴西的一座工场里清洗宝石。

大本营在圣保罗（São Paulo），前身是创立于 1554 年的一个耶稣会传教使团。1628 年，奴隶猎手安东尼奥·拉波索·塔瓦雷斯（Antônio Raposo Tavares）带领旗匪发起了第一次进攻，在对巴拉那（Paraná）的"征服"中抓了 2500 个印第安人。而在后来的一次进攻中，他们声称收获了 6 万件"货"（一件货即一个土著奴隶）。

这些旗匪，主要由一些土著奴隶和他们的盟友、白人和印第安人的混血儿以及一些白人军官组成。他们也会劫掠黄金、白银和钻石，但他们的首选目标是把土著人抓到沿海地区的种植园里去当奴隶，因为当时这方面的需求非常大。河流航道是他们长驱直入大陆内部的天然通道。不过他们也会利用陆路。在他们出没的道路沿线，渐渐出现了一些小商户和一些自给自足的农户。

在 1658 年，也就是在从事这一行 30 年后，塔瓦雷斯率领一支探险队从圣保罗出发，前往亚马孙河入海口、内格罗河以及安第斯山脉探险，总行程超过了10000 公里。

非洲大陆

巴西旗匪之所以"成功"，其中一个原因就是一件"货"（一个土著奴隶）的价格还不到一个非洲奴隶的一半。虽然在这一点上，我们缺乏详细的信息，但大家都公认，是武力和贸易改变了非洲的地缘价值，把这块大陆变成了美洲和亚洲最大的奴隶供应地。如果想要获取劳动力，只需要带着铁器、马匹、刀剑或军火，去非洲沿海地区的奴隶集市和奴隶贩子进行交易。不过，奴隶交易并非肇始于美洲的发现：新大陆本来只是加入了早已存在的奴隶交易系统之中，后来才渐渐地促使这个系统发生了颠覆性的变化。

在葡萄牙人于 1440 年闯入非洲之前，一直是穆斯林垄断着非洲奴隶市场。阿拉伯和阿比西尼亚沿海地区早就驱使奴隶开采盐矿、从事制糖生产或充当家庭仆役。那时，博尔努国（位于今天的尼日利亚）国王曾经向深有同感的埃及苏丹大吐苦水："那些阿拉伯的猎人不仅毁坏我们的土地，还把包括穆斯林在内的自由人

米纳斯吉拉斯

　　16 世纪，圣保罗派旗匪在米纳斯吉拉斯地区定居下来。1693 年，卡尔莫河和特里普伊河里发现了黄金，这导致了一场许多人纷纷迁入该地的移民潮。为了争夺金矿的独家开发权，圣保罗派与葡萄牙人多次开战。最血腥的一次是恩博巴斯战争（1707—1709 年）。"恩博巴斯"是圣保罗派对那些新来者的称呼，指的是后者所穿的鞋子。1711 年，多个彼此相邻的村镇合并，成立了欧鲁普雷图市（见照片）。葡萄牙人通过大量进口奴隶劳动力建设的这座城市后来成为米纳斯吉拉斯州的首府。而米纳斯吉拉斯州则成为对巴西内陆进行殖民的桥头堡。

当作货物掳走。"关于非洲大陆，欧洲人最为熟悉的地区，仅仅是其南部的莫诺莫塔帕帝国（位于今莫桑比克与津巴布韦之间）、刚果以及安哥拉。在 1650 年左右，恩东戈（Ndongo）的恩辛加女王（Nzinga）的宫廷成为那个地区的权力中心。面对葡萄牙人的进犯，她凭借令人难以置信的智慧，巧妙地保持了自己王国的独立。当时，葡萄牙人从本格拉（Benguela）出发，来到这里寻找从当地人那里多次听说的铜矿和金矿，但始终一无所获。而葡萄牙人在沿海设立的哨所逐渐发展成了集市要塞，并延伸出一条条贸易线路。这些商路与久已荒废的奴隶贸易路线恰好吻合。后来，荷兰人和英国人先后加入进来，与葡萄牙人展开竞争。不过他们和葡萄牙人一样，也只是停留在非洲的一些沿海地区，而不敢冒险深入这块危险大陆的内部。到 1680 年左右，法国的一个胡格诺派奴隶商人让·巴尔伯（Jean Barbot）来到了非洲西海岸，想要收集一些关于当地贸易和民众的信息。结果他发现在他之前根本没有任何欧洲人探索过那些地区。

直到很久以后，欧洲人才渐渐了解了深藏于非洲海岸线之后的地区。1768 年，苏格兰的一个地主冒险家詹姆斯·布鲁斯（James Bruce）来到埃塞俄比亚探寻尼罗河的源头。按照他回来后的说法，他穿过了努比亚沙漠，但他在自己发现了什么的问题上撒了谎。其实在他之前一个半世纪，也就是在 1618 年，马德里的一位"和蔼可亲、充满智慧且非常尊重他人感受"的耶稣会会士佩德罗·佩兹（Pedro Páez）就已经确定，正如埃塞俄比亚人自古以来就知道的那样，青尼罗河发源于塔纳湖。佩兹从 1603 年开始就在埃塞俄比亚生活，为尼古斯王室效力。根据他在《埃塞俄比亚史》（*Histoire de l'Éthiopie*）中的记载，他在 1618 年左右，在当地人的带领下来到了青尼罗河的河源。直到一个重大的地理谜团被解开后，欧洲人对非洲大陆的了解才算迎来了真正的转折点。那个谜团就是：尼罗河和尼日尔河到底是不是相通的？事实证明并非如此。尼日尔河是当时西非贸易的大动脉。神秘的通布图（Tombouctou，又译作"廷巴克图"——译者注）就位于它的岸边，传说那里的国王"拥有数不尽的黄金"。1794 年，苏格兰一个贫穷却志

大津巴布韦
（第 124—125 页）

位于如今的津巴布韦。那里曾经孕育了一个拥有丰富金矿和奴隶资源的强大文明：莫诺莫塔帕帝国（约 1450—1629 年）。

芒戈·帕克：深入非洲心脏地带的探险家

直到 19 世纪，对于非洲，西方人虽然已经熟知了它的海岸线，但对其内陆的了解一直是一大片空白。非洲资源丰富（尤其是被称为"黑金"的奴隶资源），再加上传播宗教的使命感，或者仅仅出于纯粹的冒险，就足以吸引西方人踏上揭开其神秘面纱的探险之旅。

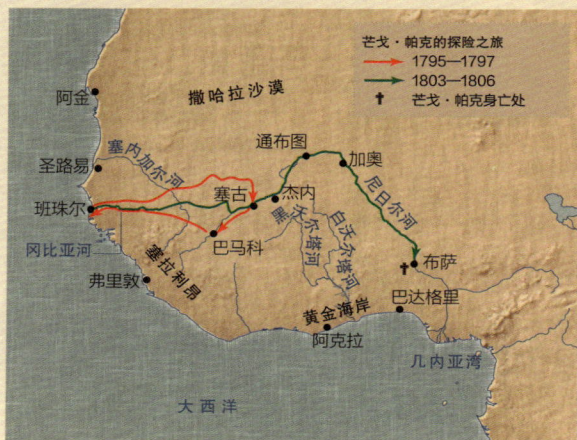

1788 年，以约瑟夫·班克斯（时任英国皇家学会主席）为首的 12 位英国上流社会有影响力的人士成立了非洲协会（African Association）。该协会旨在鼓励人们到这块对欧洲人来说依然是个谜的大陆去进行探索。但他们出师不利：1788 年，约翰·莱德亚德（John Ledyard）尚未启程就在开罗死去了；1789 年，西蒙·卢卡斯（Simon Lucas）费尽力气才越过了利比亚的南部；而丹尼尔·霍顿（Daniel Houghton）大概是在 1791 年在撒哈拉地区遭遇袭击并遭杀害。尽管有这些前车之鉴，年轻的苏格兰外科医生芒戈·帕克还是在 1795 年踏上了探索尼日尔河的征途。他的这一次征程持续了 18 个月，其间他曾沿冈比亚河逆流而上，曾被掠走所有财物，曾经遭受拘押、饥渴的折磨。最终他抵达了"我探寻了许久的壮丽的尼日尔河，河水倒映着阳光，缓缓地向东流去"。他从塞古（马里）沿尼日尔河而下到达了通布图，但没能进城。1803 年，他在英国政府的支持下再次展开探索尼日尔河的探险。但这一次却以悲剧告终：帕克及其手下多次遭受了土著豪萨人的攻击，最后全部死在了位于如今尼日利亚境内的布萨的激流之中。

插图 上图为芒戈·帕克探索尼日尔河的路线图；左图为微缩画家亨利·埃德里奇（Henry Edridge）于 1799 年为这位探险家绘制的肖像（藏于英国伦敦国立肖像画廊）。

向高远的医生芒戈·帕克（Mungo Park）加入了致力于探索非洲内陆的非洲协会（African Association）。1795 年，他到达了冈比亚河入海口，并在途经塞古市（Ségou）时探察了尼日尔河。后来，他不幸被当地人关进了监狱，还备受疾病折磨，历尽千辛万苦才回到了英国。

1799 年，芒戈·帕克出版了一本游记。这本书一经出版就大获成功，还为他未来的探险积累下了充足的资金。他从 1803 年到 1806 年，再次在非洲进行探险。这一次，他沿着尼日尔河探索了 1600 公里，最后死在了这条河的滔滔河水之中。

幻想的海峡

葡萄牙人在探索非洲时遇到的困难，还有他们被赶出巴西的部分地区，被逐出日本，这一切都拜海军实力日益壮大并且一直在努力开辟海上新航道的荷兰人所赐。1639 年，荷兰东印度公司的探险家亚伯·塔斯曼（Abel Tasman）率船队游历了日本海。而马丁·格里兹·德·弗里斯（Martin Gerritz de Vries）则对日本群岛的北部区域进行了探索，只是没有取得大的收获。此外，他们还尝试利用西风带"寻找一条从印度洋通往南方海的可靠通道"，以图对智利和秘鲁发起攻击以抢夺西班牙的白银。1642 年，塔斯曼发现了一座岛屿，并用自己的名字为其命名，随后他沿着新西兰的海岸航行。他还成了第一个踏上斐济土地的欧洲人。但在他的上级看来，这一切都毫无意义。因为"那里的居民不过是一些在海滩上裸奔的穷光蛋"。在毛利人杀死了几个接近过他们的海员后，东印度公司更是对南半球的这一地区丧失了一切兴趣。从那时开始，欧洲人很长时间都没有再尝试到那片区域探险。直到 1699 年，英国海军才向那里派出了曾经当过海盗的威廉·丹皮尔（William Dampier）。

关于澳大利亚，丹皮尔曾经写道："我们不知道它到底是一个岛屿还是一片大陆，不过我坚信它和亚洲、非洲或美洲都不相连。"1721 年，雅可布·罗赫芬（Jacob Roggeveen）试图验证海盗及私掠船主们提供的信息。那些信息说，只要航行到非常靠南的位置，就能找到一条从大西洋通往太平洋的航道。结果，罗赫芬在绕过合恩角之后，就被冰块重重包围。他只好调整方向，向北航行。他一直航行到

塔斯曼

塔斯曼是荷兰东印度公司的雇员，他于 1642 年受命去寻找未知的南方大陆。为此，他探索了新几内亚的北部海岸，到达了新西兰，绕过了澳大利亚，并发现了塔斯马尼亚岛（他称之为"范迪门之地"）。他一直没有找到传说中那块巨大的南方大陆。上图为塔斯曼及其妻女，雅各布·格里茨·库普（Jacob Gerritsz Cuyp）绘于 1637 年（藏于澳大利亚堪培拉的澳大利亚国立图书馆）。

了胡安·费尔南德斯群岛，并在复活节岛、社会群岛以及萨摩亚群岛靠岸登陆。然而，他在到达雅加达后，被捕入狱，因为东印度公司起诉他的这次没有意义的航行滥用了公司的资源。

私掠与海盗

17 世纪是海盗活动发展的黄金时期。五花八门的海盗和私掠者群体对于探险事业、世界地理认识的拓展，发挥过相当大的作用。加勒比海域面积高达 270 万平方公里，散布着上千座大小岛屿（其中大部分都是无人岛）。海盗群体为了从中找到合适的藏身之所，对那片海域进行过彻底的勘察。这一点，从那里许多源于海盗行话的地名就可见一斑。即使在太平洋如此浩瀚开阔的洋面上，海盗们在遭到打击时也总能成功逃脱，甚至消失得无影无踪！不过，还是有必要把私掠者与海盗区别开来：与海盗相比，私掠者更加积极主动地在各块海洋中探索快捷的新航路。

与一种广为流传的说法相反，除了个别的例外，海盗基本上没有对由新西班牙舰队及梯也拉费姆盖伦帆船队组成的西班牙印第安海上商路发动过攻击。大部分情况下，海盗只有两艘船，所以他们在冒险发动攻击时，常常以单独航行的船只为对象。

西班牙船队的真正敌人是私掠者。他们大多是一些商人，借助受本国或外国君主保护的小型舰队，对船队发起攻击。这些君主向他们颁发私掠许可证，授予他们决定宣战与否的权力，以此换取他们的部分战利品。因此，与海盗不同，私掠者是受到某些国家法律保护的，并享有报复的权利。当然，很多海盗会在战时转变成私掠者，也有很多私掠者会在休战时去当海盗。烤肉海匪又是另一种类型。1623 年至 1650 年期间，烤肉海匪在加勒比海域活动频繁。他们之所以叫作"烤肉海匪"，就是因为他们喜欢用木架子来烤肉。还有海贼，他们原来有的是烤肉海匪，有的是私掠者，但他们向往自由的个性又和海盗很相似。这些群体有时会结成行会或协会，从 1650 年起，在大西洋和太平洋上蓬勃发展起来。

对于西班牙人来说，事情没那么复杂：所有这些人统统是海盗。西班牙人想不通为什么有些海盗在被人视作海盗时会觉得受到了冒犯。英国私掠者德雷克就是其中的典型。德雷克于 1581 年完成了一次环球航行，在启航前他接受了对西班牙在太平洋的属地发动攻击的任务，他的确也那么做了。荷兰私掠者也是如此，常常被西班牙人视作异教徒海盗。西班牙人只要抓住他们，就会将他们绞死，并在行刑的同时高诵祈祷以拯救他们的灵魂。

在美洲海域，海盗活动存在了整整两百年，其发展经历了几个阶段。第一个阶段从 1521 年持续到 1568 年，主导这个阶段的是法国私掠船：他们的第一次行动，就攻击了一支西班牙舰队；直到腓力二世的舰队将法国人逐出佛罗里达半岛，

国王们来撑腰

无论是在战争时期还是在和平时期，英国、荷兰、法国和西班牙都会向自己的一些航海家颁发私掠许可证，允许他们不宣而战地对航行在大西洋上的敌国船舰发起攻击乃至将其击沉。这幅图是沃尔特·比格斯（Walter Bigges）的《西印度之旅》一书中的插图，画的是弗朗西斯·德雷克爵士（见后页肖像，佚名画家创作）围攻圣多明哥的情形。

瓦尔特·罗利 英国贵族、探险家以及私掠船主。

他们才终止了活动：腓力二世此举保障了印第安海上商路的船只能够安全地通过巴哈马水道。第二个阶段一直持续到 1621 年，荷兰和英国私掠者数量大增。而第三个阶段的主角是法国烤肉海匪：他们从位于乌龟岛和圣多明哥的基地出发，不仅攻击西班牙船队，也攻击英国、法国和荷兰的船只。那是海盗活动最为猖獗的阶段，直到英国人于 1655 年占领牙买加才告一段落。此后直到 1671 年，海贼发展起来，西班牙殖民地受到了来自牙

❶ 圣多明哥 1498年，由巴托洛梅奥·哥伦布（BartolomeoColomb）建立；1502年，新任总督尼古拉斯·德·奥万多（Nicolás de Ovando）率2500名殖民者对其进行了迁址重建。圣多明哥是欧洲人在新大陆建立的最古老的城市。

❷ 德雷克的舰队 1586年1月1日，弗朗西斯·德雷克占领了圣多明哥并敲诈赎金。最后他收到了25000枚金币的赎金。

❸ 伊斯帕尼奥拉岛 1492年，克里斯托弗·哥伦布发现了加勒比海中的这座岛屿。德雷克率领20艘船组成的舰队在那里靠岸。

❹ 圣克里斯托瓦尔港 德雷克的部分人手在海纳河岸的圣克里斯托瓦尔矿场附近登岸。

弗朗西斯·德雷克 英国航海家、海军少将以及私掠船主。

买加和圣多明哥的海贼的可怕攻击。海贼亨利·摩根攻占巴拿马就发生在那个时期。这个阶段一直持续到17世纪末才告结束。

在英国最终决定对海盗活动展开打击之后几十年，海盗才渐渐销声匿迹。英国凭借自身实力，领先法国和西班牙一步建立起了盈利丰厚的殖民地贸易，由此得以将全部的军力投入与海盗的斗争之中，并最终将海盗彻底消灭。

海盗也不易

从事私掠行当或者海盗营生，就要面对汪洋大海里变幻莫测的凶险，所以对航海技术的要求非常高。如果在一次战斗中没有收获任何战利品，就必须等待新的时机在另一个地点组织新的进攻。1586—1598 年，在新西班牙船队返航路线附近逡巡的坎伯兰（Cumberland）伯爵就是这样。他在那些年里，唯一一次得手，是在 1591 年抢了一艘盖伦帆船。绰号"木腿"的荷兰私掠者科尼利斯·乔尔（Cornelis Jol）的运气也欠佳，从 1629 年至 1640 年，他曾经四次尝试在古巴海域劫掠印第安船队的财宝，都未能成功。荷兰海贼爱德华·曼斯菲尔德（Edward Mansfield）也只在 1665 年在古巴海岸成功地打劫了一艘西班牙商船。

弗朗西斯·德雷克就比较走运。他曾经打劫押运白银前往巴拿马地峡的西班牙船队，虽然这个企图落了空，但还是抢到了几匹驮运白银的骡子。而且他在进行环球航行时，还成功地劫掠过马尼拉的盖伦帆船。而海贼之王亨利·摩根（Henry Morgan）则于 1671 年劫获了暂存于巴拿马、等待发往西班牙的秘鲁白银。

还有一些人的运气也不错：荷兰私掠者尼古拉斯·梵·霍恩（Nicolaas van Hoorn）尾随几艘盖伦帆船，并在它们到达终点时打劫了它们；绰号"巴西人罗克"的荷兰人俘获了新西班牙船队一艘满载白银的船只；英国私掠者托马斯·卡文迪什（Thomas Cavendish）在 1587 年袭击了秘鲁的港口，成功地抢劫了马尼拉盖伦帆船。不过，在抢劫西班牙船队方面，获利最高纪录是由荷兰人皮特·海因（Piet Hein）率领一支由 24 艘船只、2300 名水手及 1000 名士兵组成的庞大私掠船队在 1628 年创下的。海因为了这次行动，精心准备了四年。他在古巴的马坦萨斯湾突然袭击了由 11 艘商船及 4 艘护卫战舰组成的新西班牙船队。当时，那支新西班牙船队为了准备返航西班牙而正朝着哈瓦那航行。指挥那支西班牙船队的是胡安·德·贝纳维德斯（Juan de Benavides）将军以及海军上将胡安·德·莱兹（Juan de Leoz）。在船队受到海因袭击时，胡安·德·贝纳维德斯将军害怕得弃船而逃，置自己负责的 600 万比索于不顾。后来，1634 年，他在塞维利亚的圣弗朗西斯科广场上被处以绞刑，为自己的怯懦付出了生命的代价；而海军上将胡安·德·莱兹则被终身流放于一座荒凉的小岛。

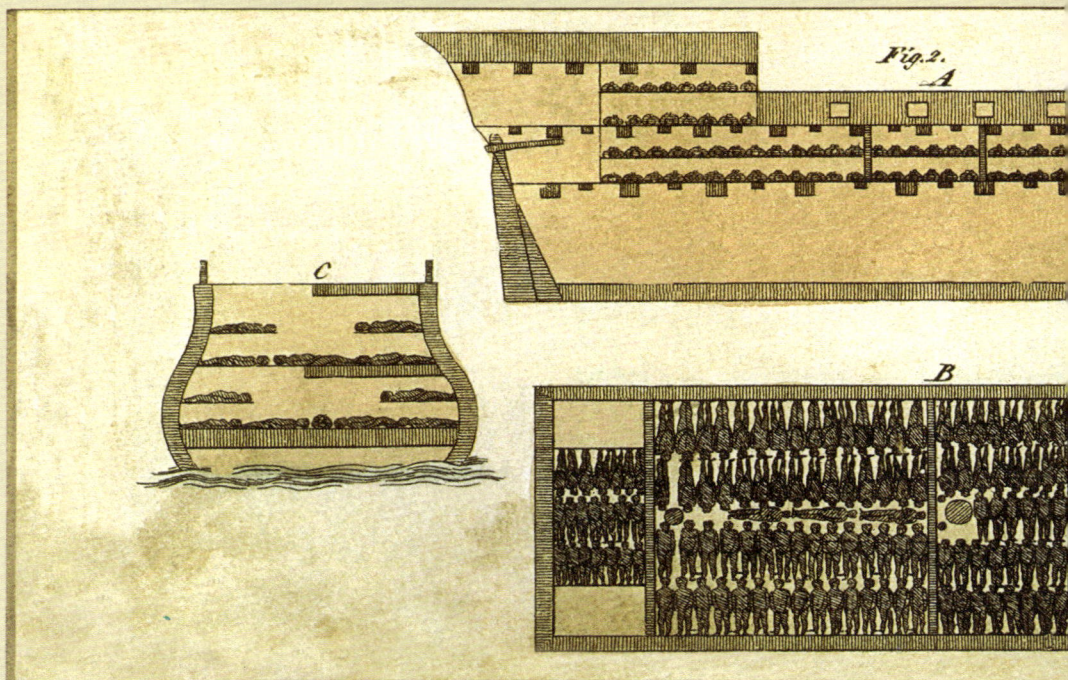

档案：美洲与奴隶交易

**把人当作商品进行交易，在五大洲早已有之。
而进入地理大发现的时代后，这种现象愈演愈烈。**

欧洲人对热带产品的热爱以及对遥远地区的殖民导致了黑奴交易的激增。这对于非洲人的影响尤为严重，因为当时的欧洲人和亚洲人、基督徒和穆斯林都认为非洲人生来低等。巴西及爪哇沿海的种植

锁链

18世纪，支持废除奴隶制的人们纷纷呼吁赋予奴隶与其他人同样的权利。

插图 18世纪英国的雕像，象征着奴隶的命运（私人收藏）。

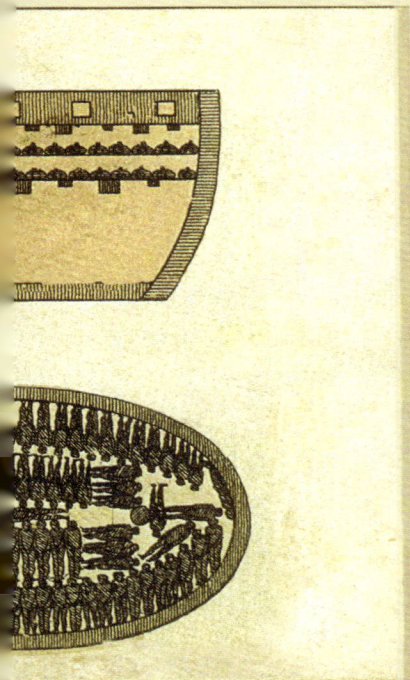

戈雷岛，为奴第一步

　　贩运黑奴是一种有组织的交易。其每一个细节都经过了精心的设计。为使横渡大西洋的航行有利可图，船东会仔细计算运奴船（如左图）可以挤下的人数。1536年，葡萄牙人在塞内加尔的戈雷岛开设了第一家奴隶库（上图）。奴隶贩子们把从村里抓来的奴隶集中在这里，等待着运奴船将他们带往各地的奴隶市场。

园、阿拉伯和也门的宫廷、欧洲的贵族和王室都曾经大量奴役从非洲大陆抓捕和贩卖来的黑人。这种现象持续了几个世纪。

　　随着葡萄牙在15世纪向非洲南部扩张，奴隶交易和探险之旅就发生了联系。奴隶和几内亚天堂椒、黄金以及象牙一样，变成了紧俏的商品。最先启动这一黑奴交易进程的，是葡萄牙黑奴贩子。他们利用非洲当地的抵债为奴、卖身为奴以及掳掠为奴的传统，平均每年将10000人沦为奴隶，其中妇女儿童占了很大比重。后来成为现代史上最大黑奴贩子的是荷兰人和英国人，他们沿袭了葡萄牙黑奴贩子的做法。通常，葡萄牙人和英国人是法国和西班牙殖民地的黑奴供应商，满足了后者对于黑奴的巨大需求。

横跨大西洋的交易

17 世纪是大西洋两岸奴隶贸易的第一个高峰期，而 18 世纪黑奴交易量达到巅峰，并呈现工业化时期的特征。1790 年，法属圣多明哥（今海地）的黑奴占总人口的 85%，而其他居民主要由"有色自由人"、拥有小产业的"白人小产业主"和拥有利润丰厚的生产中心的"白人大产业主"构成。

非洲人能够很好地适应新大陆的热带环境。他们是优秀的劳工和工匠，具备从事农业、畜牧、采矿以及居家服务的经验。由于需求巨大，欧美非"三角贸易"早在 15 世纪就开始成形。只要投资一次，就能获得三段式利润回报：第一阶段，是把欧洲生产的服装、酒水、烟草或军火等货物运到非洲西海岸以及莫桑比克。在那里，许多阿拉伯商人、非洲部落酋长以及定居在河流入海口附近的集市要塞的欧洲中间商就会用黑奴来交换这些货物。接着就进入了所谓的"中间阶段"，就是用船把黑奴运到大西洋彼岸：在这个过程中，一般会有 10%~30% 的黑奴死在船上。之后，幸存下来的黑奴就会在美洲各港口（累西腓、卡塔赫纳、利马、波士顿或法兰西角）被成批拍卖，或者转运至牙买加、巴巴多斯或库拉索的奴隶批发市场。

在 16 世纪最初几十年间，葡萄牙人从非洲海岸航行到南美洲伯南布哥（Pernambuco）或里约热内卢（Rio de Janeiro）一般需要 35~50 天时间。而当时的黑奴交易是季节性的。如果在 8 月到冬初之间运送黑奴，死亡率最高，这是因为热带雨季的雨水会让船上的人出现发热及疟疾等流行疾病。奴隶贸易的线路是固定的。其中有一条是从伊比利亚半岛南部出发，前往非洲的佛得角（cap Vert）和圣多美（São Tomé）。在那里装上"货物"后，运送黑奴的船长们就要找到北赤道暖流，乘着这道洋流航向北美沿海。

至于那个时期运送黑奴所用的船舶有什么样的特点，现在已经很难了解了。从 1595 年到 1640 年，也就是在葡萄牙享有"西班牙特许贩奴权"（当时向美洲贩运黑奴，均须向西班牙缴纳大笔费用以换取临时许可）的时期，运输黑奴的船只都比较小，容量通常在 30 吨~60 吨。这种船每艘可以装载 500 个奴隶左右，卫生条件比

贩奴数据：流血的非洲大陆

从15世纪到19世纪，到底有多少非洲的男人、女人和儿童被人贩子从自己的村里掳走，被他们贩卖到世界各地的殖民地，已经难以估算。他们像牲口一样被对待，一大部分在到达目的地前就悲惨地死去了。下面这幅图表所给出的仅是粗略的估计值。

加勒比海的非洲女奴

克洛德–路易·德雷
（Claude-Louis Desrais）创作的版画《我，也是自由的》（*Moi, libre aussi*，藏于法国巴黎的法国国立图书馆）。1794年，法国雅各宾派废除了圣多明哥的奴隶制，但几年后拿破仑又在那里重新恢复了奴隶制。

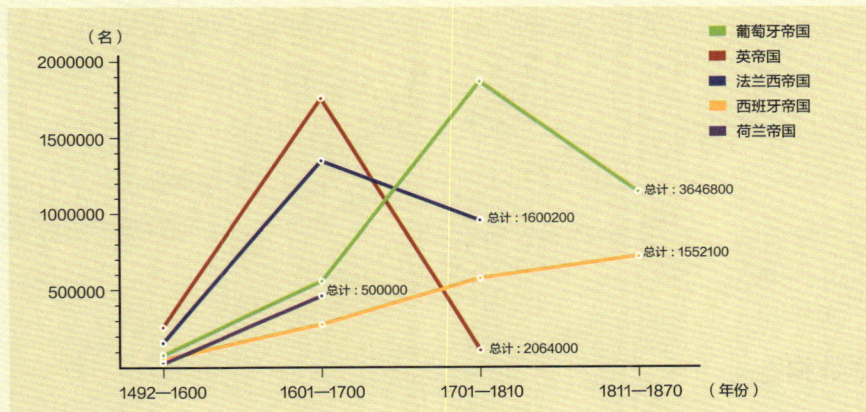

（名）

- 葡萄牙帝国
- 英帝国
- 法兰西帝国
- 西班牙帝国
- 荷兰帝国

总计：3646800
总计：1600200
总计：1552100
总计：500000
总计：2064000

2000000
1500000
1000000
500000

1492—1600　1601—1700　1701—1810　1811—1870　（年份）

荷兰人的运奴船好。最小的运奴船上，都配置了火枪和轻型长炮；而最大的运奴船上则装备着一门大炮，并配备了 15～20 名水手。

船上死亡率

在长达至少两个月的航程中，奴隶们都生活在拥挤不堪的非人环境中。无论男女，都不加区别地绑在一起。所谓的卫生措施，就是定期以大水和热醋冲洗，还有在天气好时必须到甲板上放风和跳舞。许多黑奴熬不住炎热和疲劳，在到达彼岸之前就衰竭或染病而亡。为了保障"货物"活着，船上会配备一名医生（其报酬与到达终点时活下来的黑奴数量挂钩），提供的食物也有讲究。在葡萄牙主导黑奴贸易时期，黑奴在船上的食物主要由鳕鱼、沙丁鱼、蛋糕、米、蚕豆以及鹰嘴豆组成，通常于每天上半晌和傍晚发放。而船员和军官在此之外还享有配额肉类和葡萄酒。有一些黑奴贩子会向奴隶提供牛肉、猪肉、玉米、大麦、面包、咸鱼、鸡蛋、肥肉以及醋。

根据最近的研究，随着时代和船舶技术的发展，黑奴横渡大西洋的条件渐渐得到了一些改善。到 18 世纪，英国人为贩运黑奴专门设计了一种有两层甲板的船只。男性黑奴的脚部捆着绳索彼此相连，互相挨着挤在狭窄的铺位上，只能侧身躺着。女性和儿童有在船上活动的自由。有时，船上出现发热、痢疾或天花等流行病，就要进行隔离，这额外增加了黑奴们承受的痛苦。在快要到达目的港口前，为了卖出个好价钱，就需要对黑奴们进行一番修饰准备：会给他们吃饱，在他们身上涂一层油，遮住他们身上的伤疤，让他们看上去卖相更好。再用小艇和小船把黑奴带到陆地上，毕竟运奴的大船还是要避人耳目为好。这时，才来到了贩运黑奴交易的第三阶段，就是在卸下黑奴后，运奴船装满棉花、糖、烟草、废糖蜜或朗姆酒等美洲种植园的标志产品，返航欧洲。

一些数据

尽管相关研究在跨大西洋市场黑奴数量和来源地等问题上不断有新的成果涌现出来，但我们还是能够就此做一番大致的概览。运往美洲的黑奴大约占到非洲黑奴总数的 30%，而其余众多黑奴直接在非洲本土或近东地区售卖。从 1650 年到 19 世纪末，在卖到美洲的黑奴中，约 50 万人来自非洲的塞内冈比亚，40 万人来自几内亚北部，20 万人来自巴洛文托沿海地区，100 万人来自加纳黄金海岸，200 万人来自贝宁地区，150 万人来自比夫拉，420 万人来自中非地区，还有 50 万人来自莫桑比克东南部，总计约 1030 万人。他们出自非洲众多部落，如塞内冈比亚的沃洛夫人、曼丁人、塞莱尔人以及富拉尼人部落，佛得角的瓦伊人和巴萨人部落，冈比亚的滕内人和基西人部落。从 1500 年起，葡萄牙贩运的黑奴数量就达到了约每年 2000 人；而从 1530 年开始，黑奴都是被装上船直接运往美洲的。

我们知道，最早到达美洲的黑奴都是从伊比利亚半岛南部的一些港口启航的。

芒贝图押送奴隶的队列 塞内加尔是受人口贩卖伤害最重的地区之一，这种活动甚至延续到了奴隶制被废除之后。图为创作于1892年的彩色版画。

在 16 世纪中期，行情最好的黑奴是塞内加尔的比亚发拉人，因为他们出了名地会干活。来自佛得角的奴隶也颇受好评。而从 1570 年开始，塞内加尔、冈比亚以及塞拉利昂成为运往美洲大陆黑奴的主要输出地。

在葡萄牙获得特许贩奴权后，安哥拉黑奴流行一时，尤以加勒比海群岛为甚。黄金海岸的埃尔米纳要塞是布朗人黑奴的发货地。曼丁人、比约霍人、拜因努克人以及贾洛弗人来自冈比亚以及卡萨芒斯河、盖巴河及塞内加尔河两岸。其中，贾洛弗人因为反抗心太强，被禁止引进西班牙和葡萄牙的属地。来源于其他部落的奴隶，如刚果人、拜布西人、佛鲁珀人、阿拉拉人、巴桑伯人以及马康比人由于劳动能力

贩奴路线

贩运非洲奴隶堪称历史上规模最大、最为暴力的强迫迁徙运动。奴隶贩子最先侵入的是非洲大西洋海岸的几内亚湾。在该地区奴隶资源耗竭后，他们就开始向非洲大陆内部深入，一直到达了塞内加尔河、尼日尔河以及刚果河流域。在非洲东部，奴隶贩运也是按同样方式发展起来的。东部主要的贩奴港是桑给巴尔。也有的奴隶贩子强迫某些部落主动进献奴隶，并威胁他们如果拒绝就要迫使全族为奴。被掳掠的人口被带到距离其村落几百公里的海岸地带。历经艰难活下来的奴隶被集中在拥挤不堪的奴隶库里，那里的死亡率接近20%。他们被铁镣（见下图）锁住，等待着被运奴船运往美洲的种植园。贩运奴隶的总量巨大，乃至于尼日尔河至沃尔特河之间的几内亚湾海岸被人们称为"奴隶海岸"。据估计，有80%的非洲奴隶都是从那里的罗安达、卡宾达以及如今安哥拉的本格拉等港口离开非洲大陆的。而主要的到达港则是牙买加、卡塔赫纳和巴伊亚。

强而受到欢迎。

美国历史学家菲利普·柯亭（Philip D. Curtin）通过计算指出，从16世纪到19世纪，到达美洲西班牙殖民地的非洲奴隶约有150万人，到达葡萄牙殖民地的有360万人，到达英国殖民地的有200万人，到达法国殖民地的有160万人，到达荷兰殖民地的有50万人，总计约920万人。

关于18世纪的跨大西洋黑奴贸易，可靠的数据就比较多了，这是因为当时的海关统计记录已经更加完善了。单单这一个世纪，就有600万奴隶越过了大洋，其中有250万人是英国的运奴船运输的。从1695年到1707年，从利物

图例：
贩运黑奴的路线
黑奴贸易
○ 交易中心
○ 出发港
美洲的非洲裔人口
■ 非洲裔人口密度高
■ 非洲裔人口密度低
■ 本地人口发生锐减的地区

伊斯坦布尔
开罗
巴士拉
阿斯旺
吉达
马斯喀特
亚丁
果阿
澳门
塞浦路斯
马六甲
梅林德
印度洋
桑给巴尔
莫桑比克
毛里求斯岛
索马里海岸
留尼汪岛

非人条件下的旅行 船来了，并不意味着奴隶的罪受完了。运奴船是按照利润最大化的目的设计的。所以在计算载运量时，是按照把奴隶挤在一起的方式（如上图所示）来计算的。炎热、肮脏、虐待、空气污浊、极度拥挤使得航行变成了地狱，许多奴隶在这个过程中丧了命（图为创作于19世纪中期的版画）。

浦发出的前往非洲的贩奴船多达5300班次，从伦敦发出的有3100班次，从布里斯托尔发出的有2200班次，从巴塞罗那、波尔多、阿姆斯特丹、加的斯、里斯本以及南特等其他欧洲港口发出的共有450班次。由此可见，贩运黑奴的确是当时世界经济的一大支柱产业。

贩运黑奴的生意当然意味着掳掠和买卖奴隶，而这桩生意的主要构成环节，还涉及商人的行为（投资、借贷、收益）、运输黑奴的海上航路（船舶、海上运费、保险、损失、货物、船员）、黑奴在目的地市场的销售（集市、贸易商、中间商、公司）、对黑奴的陆上转运（道路、陆上运费、运输公司）、给黑奴分配工作（采矿、种植、农业生产、大工程、修筑防御工事、海上运输以及军火生产）、黑奴工作的组织以及黑奴的生活方式（团队、住宿、饮食、休息、家庭、兄弟互助会）等方方面面。

奴隶的价格

欧洲各国，无论是君主制还是共和制国家，都通过让渡交易权（即向贩运奴隶的公司或个人颁授许可或特许经营权）从贩卖奴隶中获取了可观的利润。奴隶贸易成了国家财政收入增长的源泉。西班牙财政部不仅对每件"货物"要征收 100 比索的人头税，而且在运奴船离港和到港时还要分别征收 2.5%～5% 和 5%～7.5% 的销售和交易税。这里的"货物"一词，指的是 15～30 岁、有能力从事各类劳动的黑人个体，这样的黑奴属于"一等货"。9～15 岁的黑奴是"二等货"，单价为"一等货"的三分之二。而"三等货"的价格仅为"一等货"的一半。还有一类，30 岁以上的黑奴，就被视作老人了，只能算是"四等货"。1714 年签订的《乌得勒支条约》强迫西班牙向英国让渡特许贩奴权。根据其规定，自条约订立起的 30 年间，英国臣民每年可以向西班牙在美洲的殖民地贩卖 4800 个奴隶而无须缴纳关税。这个所谓的英国特许贩奴期实际上是英国作为胜利方获得的战利品。

为避免偷逃税赋，伊比利亚半岛早就实行了一种"烙戳"（carimbo）的办法，就是在每个已征税的奴隶身上烙上一个标记。这种验证办法极其残忍，直到 18 世纪末才被废除。而整个奴隶交易体系具有很高的灵活性，也就是说这个旨在向美洲贩运奴隶的综合市场会根据销售行情以及税务优惠而随时做出相应的调整。一个新到岸的非洲黑奴在印第安的卡塔赫纳售价为 300 比索，转运到智利价格就上涨到 600 比索，而转手卖到对劳动力有巨大需求的波托西，价格就飙升到了 800 比索。

所以说，在当时，奴隶交易是一种全球性的贸易，是沿着地理大发现开辟的道路在全世界展开的：东南亚的奴隶交易就很能说明这个问题。比如在菲律宾，就有被称为菲律宾"黑人"的土著人沦为奴隶的情况，甚至还有一些来自中国、马六甲或爪哇的外来旅行者因为不幸被海盗俘虏而被卖作奴隶。菲律宾奴隶很便宜：一开始每个奴隶的价格仅为 5～6 比索，到后来也只涨到 10 比索。在太平洋的航路上，人们认为，女性奴隶混杂于乘客和海员之间，是对上帝的冒犯，会造成严重的后果。1608 年，西班牙国王腓力三世颁发了一道王室敕令，命令马尼拉检审庭"严格禁止将女性奴隶带上帆船队的船舶或使用帆船队运输女性奴隶，并尽可能采取措施修补过失，以终止和预防此类令人不快的情形"。其实除了女性奴隶以外，当时"免费"搭乘马尼拉帆船队的船只的，还经常有其他几类已婚女乘客，其中有一些是自己逃离夫家的女性，还有一些是被丈夫厌弃而赶出家门的女性。有的时候，在奴役和自由之间，真的并没有像人们想象的那样界限分明。

《地理学家》

　　约翰内斯·维米尔（Johannes
Vermeer，1632—1675 年）创作的油画
《地理学家》，藏于德国法兰克福的施
泰德博物馆。

　　插图（右侧） 曾经属于艾萨克·
牛顿的罗盘，由桃花心木和铜制成，
带有一个罗盘方位标。

地球的形状

直到 18 世纪初，地理大发现过程中提出的很多根本问题依然没有得到解决。而随着科学方法在短时间内取得了许多重要的进步，人们终于可以尝试解答那些问题了。这种科学方法的基础，包括新的思想认识、可重复的实验，以及通过对收集到的事实进行比较、验证而展开的严肃的研究。

从 1700 年开始，西方人的航海探险次数大幅度增加，所以人们有时会把这个世纪称作"航海世纪"。随着航海天文学的日益兴盛和数学的突飞猛进，世界地图得到了彻底的改变。三角测量法在地图绘制上得到了普及应用，海军军官培训中设置了"高等数学"（即"微积分"）课程，这些都很快产生了重大影响。同样值得一提的，还有科学仪器（如计时器）的精度得到了显著的提升；更重要的是，此前一直难以准确测量的经度问题也得到了解决。新的信息传播方式的问世，使各种关于探险旅行的五花八门的消息得到了广泛的传播，这一点也非常关键。知识界、学术机构以及经常在沙龙或咖啡馆聚会的私人朋友圈，都热切地期待着各种最新的发现。同样翘首以待的，还有报纸的读者们。在当时，报纸被人叫作"小喇叭"、"新闻简报"或"新闻纸"，代表了一种新兴的公众舆论力量，热衷于消费各种新奇的信息。

启蒙时代思想的一大特征，就是深信人类还有改进的余地。在这种思想的影响下，人们相信，如果施行有智慧的政治原则，就一定能够造福"公众利益"。人们还认为，所谓"进步"，就是沿着从野蛮走向文明的道路前进。1788 年，即西班牙的伟大君主查理三世（Charles Ⅲ）去世的那一年，航海家何塞·巴尔加斯·庞塞（José Vargas Ponce）在其《卡韦萨的"圣马利亚"号三桅战舰在麦哲伦海峡的航海记》（*Récit du voyage au détroit de Magellan de la frégate Santa María de la Cabeza*）中就表达了这样一种坚定的信仰。他解释说，由于航海旅行频率提高，航海指南得到了完善。航海家们通过可靠的观察确定了海洋中浅滩和障碍物的位置；计算精确度的提高则能帮助船舶避免在海上"迷失方向"。传统方法得到了改善，再加上新出现的新方法，使"原来一直存在的风险都消除了"。连可怕的海上风暴都可以绕过去了，这是由于航海家们通过使用各种科学仪器和设备就能够预测它们的发生，从而避免像从前那样经常遭受灾难。整整这一个世纪，在启蒙时代的求知欲望和哲学精神的激励下，人们进行了无数次探险和发现，大大丰富了航海者所说的"地理学知识系统"。对于地球的认知水平得到了极大幅度的提升，以至于在这一领域实现新的重大发现的可能性大大地降低了。时至此时，要想达到对地球地理的全面了解，就只差最后一步了：只要"在精确度上再提高一步，我们就能实现前辈们未能完成的修正校准"。

学术圈子

但这样一种堂而皇之的说法（私下里，有不少航海家和学者都对这种说法提出了疑问）并不能掩盖地理学上依然存在着的谜团和神话。"通过技艺去弥补先天的不足"，正是工程师们以及科学家们的使命所在。但要做到这一点，并非如同巴尔加斯·庞塞所宣称的那般轻而易举。当然，也无须否认启蒙时代在地理学和地图绘制上确实取得了出色的成就。在17世纪末，有一份航海指南是这样指导船舶驾驶员的："如果在你离开波多贝罗港时刮着微风，那么你就必须紧盯着陆地不断地向侧向转舵。"说到底，还是要凭借目测估计和经验来航行。对于那时的海员们来说，经验还是最宝贵的。因为他们大多都是被航海历史学家切萨罗·费尔南德斯·杜罗（Cesáreo Fernández Duro）幽默地称为"更擅长喝朗姆酒而不擅长解数学方程的操作工"。相反，到了19世纪初，航海指南提供的指导就变得非常科学、简洁，而且精确了："在离开上一个海角后，以偏东15° 58′的角度沿着南面的海岸线航行3海里。"

在一些人所谓的启蒙时代的"地理革命"中，有一个重要的要素，那就是使用精确的几何图形来表现地球的表面。而这个要素的实现，与伽利略时代到牛顿时代这一期间取得的科学进步密切相关。而这场"地理革命"的基础，是历经了漫长的过程才得以建立起来的科学制度化。科学制度化的雏形形成于文艺复兴时期意大利的各共和制国家以及西班牙和葡萄牙的君主制国家，但最终定型于英国和法国。1660年，英国皇家学会（The Royal Society）正式成立。当时，在天文学教授克里斯托弗·雷恩（Christopher Wren）的一次讲座后，有12个人进行了一次聚会，提出了成立一个旨在"促进物理—数学实验教学"的机构。而他们为该学会选定的座右铭是"Nullius in verba"（"人言无据，切莫轻信"），体现了他们对实验的重视：因为"别人的说法并没有什么意义"，而观察得到的事实才最重要。从此，英国皇家学会每周召开会议，学会

欧洲最早的科学机构

1603年

意大利猞猁科学院 博物学家费德里科·切西（Federico Cesi）建立的国立猞猁科学院（Accademia nazionale dei Lincei）是意大利最古老的科学院。伽利略从1611年开始成为该科学院成员。

1660年

英国皇家学会 "人言无据，切莫轻信"（Nullius in verba）是英国皇家学会（The Royal Society）的座右铭，其强调的是对任何经验性研究均须加以证明。

1666年

法国皇家科学院 路易十四为了鼓励研究精神而创建的法国皇家科学院汇聚了当时最杰出的科学英才。

1700年

科学与启蒙 弗雷德里克一世创建的普鲁士科学院第一任主席是哲学家莱布尼茨（Leibniz）。

1734年

西班牙的科学 腓力五世将法国的科学院模式引入了西班牙。西班牙皇家医学及自然科学院于1734年成立。

  成员们在会上就各种各样的主题展开探讨和争论，比如：自然历史、炼金术、天体、怪兽、化石、行星与彗星，等等。1662 年，这家高端学术机构出版了自己的第一批书籍；三年后，它又开始编辑出版自己的学术期刊《哲学汇刊》（*Philosophical Transactions*），这本学术期刊时至今日依然在发行。尽管从一开始，英国皇家学会就受到了英国王室的明确赞助，但它一直坚持自己在学术和教学上的广泛兴趣，同时还积极回应各种贸易和商人团体的需求。而与探险相关的研究也是这个学会最为关注的主题。

  在欧洲大陆上，值得一提的是 1669 年成立的巴黎天文台（l'Observatoire de Paris）以及三年后成立的

巴黎科学院（l'Académie des sciences de Paris）。巴黎科学院致力开展的一项工作，是完善和修正世界地图。与英国皇家学会不同的是，巴黎科学院得到了法国官方的大力资助，同时也受到法国官方的严密控制。其最初的主要成员让·毕卡尔（Jean Picard）本来是里雷（Rillé）一家修道院的院长。1645 年，时年 25 岁的他作为大天文学家伽桑狄（Gassendi）的助手，观测了一次日食，深受震撼，决心投身科学。他是第一个使用望远镜来精确测量微小角度的人，也是第一个采用惠更斯（Christiaan Huygens）发明的摆钟来测定恒星在经过子午线时的位置的人。1679 年，他开始出版《认识时间》（Connaissance des temps）。那

法国皇家科学院

在这幅画中，画家亨利·泰斯特兰（Henri Testelin, 1616—1695 年）描绘的是大臣让-巴蒂斯特·柯尔贝尔（Jean-Baptiste Colbert）向国王路易十四介绍科学院成员的场景。他身边的分别是埃德姆·马利奥特（Edme Mariotte）神父和让·毕卡尔（Jean Picard）神父、医生马尔丹·居罗（Martin Cureau）、数学家皮埃尔·德·卡尔卡维（Pierre de Carcavi），以及天文学家克里斯蒂安·惠更斯（Christiaan Huygens）（藏于法国国立凡尔赛堡博物馆）。

天文观测者卡西尼的遗产

18 世纪初，由于让−多米尼克·卡西尼等科学家的努力，航海地图上距离计算的精度得到了飞跃提升。他的科学成果在地图绘制术上掀起了一场革命。

上千年来，通过太阳或其他星星在地平线上的角高，可以精确地计算出纬度。然而这一方法对于经度的计算则不起作用。早在公元前2世纪，希腊人喜帕恰斯（Hipparque）就曾建议可以通过观测月食来计算经度。然而，经度的计算一直是一个有待解决的难题，而纬度和经度这样的地理数据对于在地球表面的定位至为重要。让−多米尼克·卡西尼（即乔万尼·多米尼克·卡西尼，Giovanni Domenico Cassini）在这方面发挥了关键作用。卡西尼承袭了伽利略的想法，就是把木星的卫星视作一座天体时钟，利用木星与其卫星之间互相遮掩的现象，他成功地测算出了精确的经度。他的发现得到了尼古拉·桑颂（Nicolas Sanson）、亚历克西−于拜尔·贾约（Alexis-Hubert Jaillot）以及他自己的孙子凯撒−弗朗索瓦（César-François）和曾孙让−多米尼克（Jean-Dominique）等地图测绘师和地理学家们的采用。

是一套天文星历丛书，其中收录了大量关于如何测定纬度和经度的信息。在英国的《航海年历》（*Nautical Almanac*）以及西班牙的《实用日历》（*Calendario manual*）出版之前，没有任何一部历书能与它媲美。

脚下的世界

荷兰人克里斯蒂安·惠更斯是大学者笛卡儿（Descartes）的门徒，他曾于 1655 年发现了猎户座星云，并对土星的卫星进行了研究。后来他提出了一个理论，称地球呈现为两极扁平而赤道膨胀的球体形状。1669 年，巴黎科学院吸收了萨伏瓦天文学家让−多米尼克·卡西尼（Jean-Dominique Cassini）为

让—多米尼克·卡西尼（1625—1712年） 图为18世纪末科善（L. Cossin）创作的这位天文学家的肖像版画。远景中是巴黎天文台。左图中，一群天文学家正在巴黎天文台前面的空地上借助巨大的望远镜观测天象。当代版画（藏于法国巴黎的天文台博物馆）。

成员。卡西尼是博洛尼亚大学的天文学教授，也是研究太阳运动和直径表象变化的专家。他提出，可以通过精确测量日月食在不同经线发生的时间差的方法来完善经度的计算。当然，在学术圈子里，文人相轻是常有的事情。卡西尼很快就站到了毕卡尔的对立面，并对惠更斯进行了孤立。在卡西尼的领导下，巴黎科学院致力于确定全球各著名地点的纬度和经度，以及和久负盛名的地图测绘世家桑颂（Sanson）家族合作绘制精确的法国地图。卡西尼还发起了在巴黎天文台制作一个直径七米的地球仪的工程，上面以十度为间隔标示经线和纬线。地球上各重要地点的经度渐渐得以确定，而且精确性达到了前所未有的程度。但由于巴黎天文台的技术条件有限以及不同地点之间

格林尼治与地球经线的定义

从 1884年开始，英国小城格林尼治的名称就与那条想象中连接南北两极并把地球分成两个完全相等的半球的线联系在了一起。这条线也被称为"零度经线"或"本初子午线"，主要是用来测定经度的；就像把地球分为南北两个半球的赤道是计算纬度的基础一样。对于确定地图上一点的精确位置来说，经度和纬度是构成地理坐标的两个不可或缺的主要信息。在此之前，国际上存在着多条作为参照的经线，比如巴黎子午线、特内里费岛子午线……为了确定一条全世界通用的统一参照子午线，1884年在华盛顿召开了一场专门的国际研讨会。尽管仍有一些国家依然长期坚持使用各自的子午线作为参照，但这一标准总算确立了下来。

插图 18世纪的格林尼治天文台（藏于英国格林尼治的国家海事博物馆）。

天体地图 莱纳·奥滕斯（Reiner Ottens）的天体地图集，基于格林尼治天文台获得的数据编纂而成，并于1729年出版（藏于英国格林尼治的国家海事博物馆）。

格林尼治子午线 为了解决经度计算的问题，英国国王查理二世于1675年建立了格林尼治天文台。从1884年开始，格林尼治不仅成为零度经线的诞生地，也成为全球参照的著名的"格林尼治标准时间"的诞生地。

寻找精准的时间 在1680年左右，钟表匠托马斯·汤皮恩（Thomas Tompion）研制出了一种能够大大提高时钟精准度的调节器。格林尼治天文台的时钟也是他制造的。

真实距离的数据缺乏，那个地球仪在地图制图上还是有所失真的。尽管如此，它依然不失为一次建立在科学方法获取数据之基础上的重要的开创性实验。卡西尼向前往圭亚那、埃及、大西洋以及加勒比海的众多航海探险队发出指示，请求他们帮助进行测量和提供数据。而驻扎在马达加斯加、暹罗以及中国的一些传教使团也向他提供了各自掌握的数据。国际合作也开展起来了。当时身在好望角的英国天文学家埃德蒙·哈雷（Edmond Halley）以及身在果阿的塔夫诺（Thévenot）也为他提供了一些信息。当路易十四莅临巴黎天文台视察地图绘制工程进展时，他走在卡西尼绘制的世界地图上，饶有兴致地多次向其请教自己脚下踩着的是世界的什么地方。

不完美的球体

在欧洲竞争的背景下，地图绘制领域一出现新问题，很快就会在学术界引发争论。其中最重要的一个问题涉及地球的形状和大小。这个问题的解决对于天文学、物理学、力学以及工程学等众多学科，尤其对于地图制图和海上航行都有着重要的理论和实践意义。虽然在当时，地球是一个球体已经无须证明了，但它到底有多大，仍然有待确定。

1615 年，大地测量学的创始人荷兰人威理博·斯涅尔（Willebrord Snell）试图利用三角测量法测算一小段地球经线的长度来解决这个问题。他进行的所有测算的前提，是假设地球是一个完美的球体：这样一来，只要测算出经线圆周上一度的长度，就能计算出地球的圆周了。然而，不同学者测量出的结果之间存在着差异。斯涅尔得到的是一度经线长 57033 突阿斯（toise，长度单位；1 突阿斯约等于 2 米——译者注），而耶稣会会士乔凡尼·巴蒂斯塔·里乔利（Giovanni Battista Riccioli）的测量结果是 62650 突阿斯。

这样一来，尽可能大范围地进行三角测量就成了各大学术机构努力的目标。1669—1670 年，巴黎科学院的毕卡尔计算了马尔伏瓦辛那首府和苏尔东以及亚眠之间的距离：他得出的结果是经线圆周每度长 57060 突阿斯。1672 年，在美洲赤道地区法国属地进行探险的里歇（Richer）报告了一个令人意想不到的信息：在卡宴，必须要缩短钟摆的长度，才能保证时钟以和在巴黎一样的节奏运行。如果钟摆长度的变化并不是炎热导致的，那就意味着，在赤道地区，地球重力的作用有所不同，也就是说地球并不是一个完美的球体。哈雷于 1667 年证实了这一发现，提高了这一新假设的可信度。不过，最终从这一信息中提取出结论的，还是牛顿和惠更斯。牛顿解释说，地球赤道地带的膨胀，是地球围绕自己的中轴旋转产生的离心力导致的结果。离心力会随着地球因自转而塑造出的曲线周长的增加而成比例增加。因此，赤道作为地球这个球体上最大的一个圆，那里的离心力也必然达到了最大值。相反，在地球的两极，离心力就几乎消失了。而整个地球都受到重力定律的作用，所以同量的物质在赤道上的重量会轻一些，这是因为在地球上，赤道表面距离地心最为遥远。这就致使在这个纬度上必须要缩短钟摆的长度。而后来人们发现木星的两极极其扁平，这便证明了牛顿这番理论的正确性。不过，学者们之间还是存在着一些分歧。比如，惠更斯认为赤道直径与地轴直径之间的变量为 1/230，而牛顿认为这个变量是 1/578。

"不容置疑"

法国人却对牛顿的解释表示了强烈的怀疑。毕卡尔启动了测量巴黎所在经线在法国全境范围内的长度的工程。1700 年，卡西尼受命完成这项工程。为此，他向南一直来到了与西班牙接壤的科利尤尔（Collioure），向北一直去到了与荷兰交界的敦刻尔克（Dunkerque）。通过对这条经线南北两段测量结果进行比较，得出的结论仿佛表明地球上越接近赤道的位置越扁平："1701 年、1713 年、1718 年、1733 年、1734 年和 1735 年进行的六次测量的结果一致说明地球是向两极伸长的而不是压扁的。"从此，对于巴黎科学院来说，对卡西尼的结论表示怀疑，就意味着背叛。而牛顿对此的回应是，法国境内经线的长度还是太过有限了，由此观测到的南北两段的差别并不足以说明问题。

这场论战在西班牙也激起了涟漪。两位西班牙学者，费霍（Feijoo）神父和萨米恩托（Sarmiento）神父站队支持卡西尼的观点。在航海领域，这一问题不管是在实践上还是理论上都具有很大的影响。豪尔赫·胡安（Jorge Juan）指出："每航行 100°，就至少产生 2° 的误差，也不知道这是因为地球像牛顿先生说的那样

英才荟萃，确定地球的形状

在启蒙时代初期，科学取得了巨大的进步，其中相当大一部分原因是各国君主对科学研究给予了大力支持。天文学、物理学以及几何学上的重要发现很快就被应用于实践之中，包括被应用于航海领域。

在各自王室的资助下，伦敦英国皇家学会和巴黎皇家科学院先后于1660年和1666年成立，象征着科学家以及他们的研究工作获得了前所未有的承认。创办这些机构的目的是鼓励各个领域的科学研究和进步。这种努力很快就取得了结果：以勒内·笛卡儿、艾萨克·牛顿和皮埃尔-路易·德·莫佩尔蒂等数学家和物理学家以及埃德蒙·哈雷、让-多米尼克·卡西尼、克里斯蒂安·惠更斯和威廉·赫歇尔（Wilhelm Herschel）等天文学家为主的科学家们掀起了一场"科学革命"。在他们的努力下，人们渐渐认识到地球的准确形状是一个两极扁平的不完美的球体。除了理论研究之外，这些科学机构同样鼓励实践和技术创新。比如，在18世纪下半叶，约翰·哈里森和皮埃尔·勒·华就为发明一种能免受船身颠簸影响而保持准确度的航海时钟而展开竞争。这种时钟对于航海和地图测绘都具有重要的意义。

插图 牛顿于1672年推荐给伦敦英国皇家学会的望远镜的复制品。

艾萨克·牛顿 1687年，这位英国数学家在其〔然定律〕（*Principia*）中最早提出，受到万有〔定律对运动物体的影响，地球的形状是两极〔的不规则球体。

是一个扁圆形的球，还是像卡西尼先生说的那样是一个长圆形的球。"经度、重力、物体重量、"天上行星的运行、地上人类使用的各种机器的运作"都与这个问题密切相关。于是，组建两支探险队分别前往北方地区和赤道地区去完成测量经线圆周一度的长度的任务，显然是终结这场论战的最恰当的办法。在皮埃尔-路易·德·莫佩尔蒂（Pierre-Louis de Maupertuis）从1735年至1737年率队到拉普兰探险之后，牛顿观点的正确性就得到了实际的确认。这次探险的结果发表于巴黎科学院1738年的一部论文集以及莫佩尔蒂的《旅行记》（*Relation du voyage*）中，它验证了牛顿的说法。而另一支前往"赤道线"探险的队伍从1736年至1743年在今天的厄瓜多尔开展了

克里斯蒂安·惠更斯 惠更斯以光学研究著称。他总是自己制作望远镜，并使用它们发现了土星环。在地球形状的问题上，他得出了和牛顿同样的结论。

皮埃尔-路易·德·莫佩尔蒂 这位法国科学家对拉普兰的探险，最终令陷于地球形状论战的学者们站到了牛顿一边。

大地测量工作。这支探险队回来后再度证实了牛顿说法的正确性。参加这支探险队的，有夏尔·玛丽·德·拉·贡达米纳（Charles Marie de La Condamine）、皮埃尔·布格（Pierre Bouguer）、路易·高丹（Louis Godin）以及约瑟夫·德·居修（Joseph de Jussieu）等多位法国学者。

经度问题

这一点得到证实之后，地图制图的精确度很快就得到了提升。人们认识到，我们所居住的这颗星球并不是一个完美的球体。基于这种认识，一种"全新的地理学"行将诞生。和莫佩尔蒂一样，拉普兰和基多探险的其他参与者也都意识到这种认

"半个世界"

夏尔·玛丽·德·拉·贡达米纳所进行的地球赤道地带一个经度长度的研究证实了莫佩尔蒂在拉普兰所做的测量，也证实了牛顿的理论，同时还推动了十进位的公制系统的建立。为了纪念这一成就，1736年拉·贡达米纳建造了卡拉布罗金字塔。这幅版画表现的就是这一事件，它发表于1891年2月号的《自然》杂志。那是一本关于科学及其在工业上的应用的学术杂志。

识上的突破对于天文学和物理学研究具有重要意义。布格主要强调了它在航海实践上的意义，而拉·贡达米纳则认为它对于"天文学、普通物理学和航海实践"都将产生影响。大家都预感到，在海上测定经度的难题（或者说精准确定一艘船舶相对于某条经线的方位的难题）的解决已经近在咫尺了。到1750年左右，人们对于解决这个问题的期待变得急切起来。随着遥远地区贸易活动的发展以及跨大洋航行的日益频繁，亟须采用迅捷有效的方法来寻求解决。这个问题久拖未决，使人们一直只能凭主观对行程距离以及地理位置进行模糊的估计。所以，欧洲各国政府为了鼓励新方法的发明，纷纷开出巨额悬赏，激励人们去研究开发能够在海上精确测量时间的机器。法国的巴黎科学

经度的测定

　　直到 18 世纪晚期，航行都是一件缺乏精确性的事情。人们可以使用星盘、六分仪或象限仪来测定船舶所在的纬度，而经度的测定与纬度的测定完全不可相提并论。

　　观察一下现代的世界地图，就会发现它被一条条纵横交错的线划分成了一个个网格。连接两极的线就是经线（或称子午线），而与赤道平行的线则是纬线：它们构成了地理坐标。自从中世纪开始，纬度的计算不成问题，而经度的计算则是件麻烦事。不过，从理论上说，人们是知道应该怎么计算经度的：就是测算出参照点（把出发地的时间当作参照时间）与船舶所在位置之间的时差，同时考虑到指示所在位置时间的太阳高度。但是实际上，人们一直缺乏能够精确指示参照时间的时钟。这种缺陷导致许多船只迷失在汪洋大海之中，找不到自己终点的方向。后来，一些法国人以及英国人约翰·哈里森制作的船用时钟（或称计时器）解决了这个问题。

对精确度的渴望 哈里森系列的第一台时钟，即H1（右图），是在里斯本接受的测试。到了1761年，H4取代了它。H4经过了实际航海的测试：经过80天的航行到达牙买加后，这座时钟只慢了5秒钟。

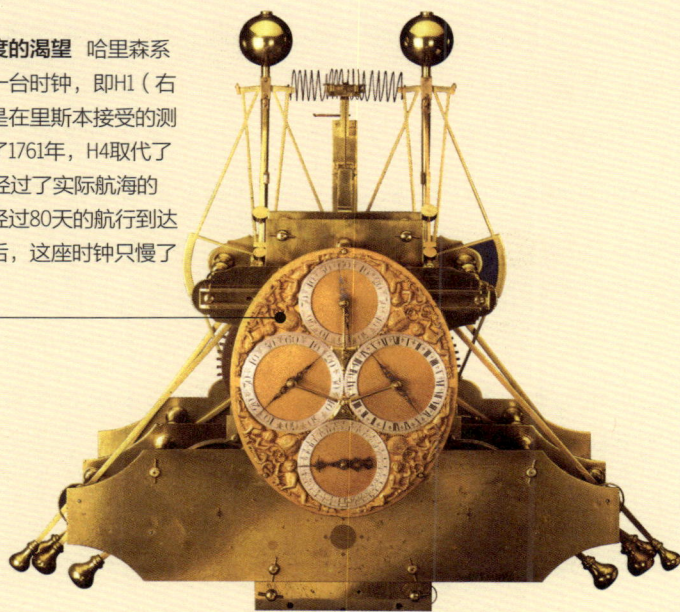

第一台船用时钟 从1735年到1774年，约翰·哈里森制作了五款高精度航海时钟，解决了经度测定的难题，并赢得了英国议会颁发给他的20000枚金币的奖金。

院直到 1767 年、英国的经度委员会（Board of Longitude）直到 1770 年，都还在向在这个领域取得成就的人士颁发数额不菲的奖金。

有一个被人们寄予厚望的办法，就是使用海洋计时器。自从之前一个世纪开始，人们就越来越多地尝试通过对比出发港口与船只所处地点的时间来确定经度。只要在太阳位于最高点时（也就是正午时分）观察一下所携带的那座保持按出发港时间运行的时钟（即所谓的"标准钟"），计算出两者之间的时差，就能了解两地之间相差多少经度。当然这就对所使用时钟提出了很高的要求，既要精确度高，又要能够不受船只在海上航行颠簸的影响，而这就涉及钟表制造的许多复杂的技术难关。法国的皮埃尔·勒·华（Pierre Le Roy）、拜尔杜（Berthoud）和布勒盖（Breguet）以及身份卑微的英国木匠约翰·哈里森（John Harrison）都对船用计时器做出过重大的改进。虽然这种办法的原理很简单明了，但人们对于钟表等计时器可能发生紊乱故障还是一直存有担心。所以在以地理探索和地图测绘为目的的探险航行中，对计时器的运行及误差进行观察和记录也是日常工作之一。

航海者要经常把船用计时器的时间和天文时间进行对比，确定两者之间的平均偏移量，才能够正确地测算出所在位置的经度。当然也可以借助其他一些天文学方法来测算经度，但那些方法只有懂得"高等数学"的人才有能力掌握。1731 年，约翰·哈德利（John Hadley）发明了双镜八分仪（六分仪的前身），使采用月距法测算经度成为可能。所谓"月距法"，就是通过对月亮在某个已知经度地点的理论位置与它在观察者所在地点实测出来的位置进行对比，推算出两个地点之间的经度差。因为月球的移动速度是已知的，所以只要测量出月球在两点间移动的距离就能够测算出观察者与已知经度地点之间的距离。要使用这种方法，就必须非常精准地确定月球在每个时刻的位置，而这就产生了一些高难度的数学问题，每次都需要花费 3个多小时来进行极其复杂的演算。

亚历克西·克洛德·克莱罗（Alexis Claude Clairaut）第一个成功地以令人满意的方式解决了三体（三个互相作用的天体）轨道的数学计算问题，这就使人们得以建立相对准确的月球位置表。为了使这种方法的使用变得更简单，尼古拉·路易·德·拉卡伊于 1755 年提出了一个星历表模型，而约瑟夫·杰罗姆·勒弗朗索

拉普拉斯侯爵和天文学

拉普拉斯侯爵是有史以来最伟大的数学家之一，被许多人称为"法国的牛顿"。天文、电、磁以及概率都是他所涉足的研究领域。

皮埃尔-西蒙·德·拉普拉斯（Pierre-Simon de Laplace，1749—1827年）认为，"宇宙是通过数学的语言来表达的"。他毕生都致力于证明这一点，但也没有因此而忽略实践应用方面的工作。比如，他是法国大革命政权成立的度量衡委员会的成员，推动了十进位公制系统的建立。不过，拉普拉斯最为人称道的，是他在天文学领域的成就。他曾经从地球两极扁平的形状出发，解释了月球运动的反常现象，并由此证明了牛顿的引力定律。他最大的一个贡献，是于1796年在其《宇宙体系论》中提出了"星云假说"。根据这种理论，太阳系的起源，是一团缓慢自转的星云，它在冷却的过程中催生了各大行星。

插图 索菲·费陶（Sophie Feytaud）于1842年创作的拉普拉斯的肖像（藏于法国巴黎天文台博物馆）。

瓦·德·拉朗德（Joseph Jérôme Lefrançois de Lalande）则发表了一些和实际观测偏差不到 30″ 的月球位置表。

约翰·梅耶（Johann Mayer）、欧拉（Euler）、拉格朗日（Lagrange）和拉普拉斯（Laplace）出版了一些天文年鉴，其中收录了以十二小时为间隔的月球的准确位置。依据这些图表，将船上观测的结果与图表中的值进行比较，就能准确计算出船只所处的位置。而通过使用八分仪以及后来的六分仪，就可以有效地避免误差。西班牙航海家何塞·德·马扎雷多（José de Mazarredo）曾经在南半球使用过这种月距法，他还将这种方法教给了很多人。这种月距法的好处在于它不像其他方法那样会受到固有局限的制约。观测日月食法的局限，在于发生日食或月食的概率极低。而要观测木星的卫星，在装备精良的天文台很容易做到，但在汪洋大海中的船舶上就很困难了，况且每年还有三个月时间因为木星运行到太阳附近而不可能被观测到。使用钟表等计时器来进行测算，有可能受到钟表制造技术缺陷的制约。而月距法就完全不存在这类限制，而且如果像詹姆斯·库克（James Cook）船长在茫茫太平洋上航行时所做的那样，把这种方法与船用计时器配合，就能够保障持续可靠地测定船只所在的地理位置。

抗坏血病的良方

在 18 世纪初，西方扩张的脚步受到两道自然障碍的阻滞。那是两种可怕的疾病：坏血病和发热。这些疾病长期困扰着海洋和热带森林的探索者，所以当时的人们在海上进行了多次试验专门针对它们展开研究。早在前一个世纪之初，通过使用金鸡纳树皮粉（即产自秘鲁总督辖区的著名的"耶稣会会士粉"），人们已经战胜了各种发热病症。但对于缺乏维生素 C 造成的坏血病，人们依然苦无良策。在整个地理大发现的历史上，一直笼罩着这种疾病的阴影：它导致了极高的死亡率，并致使许多探险队成员意志动摇当了逃兵。在坏血病最初发病阶段，人体对感染的抵抗力会不同程度下降，人会感到疲劳体虚、精神不振——这便会造成船上人员纪律涣散。接下来，人会感觉胸痛、呼吸不畅。再到下一个阶段，腿部会出现肿块，肢端会变得僵硬，牙龈会发生变质，牙齿会产生松动，血液会凝结，脸部会充血。最终，人会因为出血和水肿而突然死亡。

罹患坏血病的航海者有时并不是死于这种疾病本身，而是死于饥饿，因为这种病会导致他们无法咽下食物。这样一来，在身体极度衰弱的情况下，人原有的旧病就会复发，导致死亡。很长时间以来，医生们一直很困惑渡海远航与坏血病之间到底存在着什么样的关系。船上环境的潮湿、高盐分，以及船员们拥挤在狭窄、封闭且不通风的空间里，这让医生们一度以为坏血病是一种传染病。而曾经于 1746 年探索过西北通道的英国探险家亨利·埃利斯（Henry Ellis）则认为酗酒是这种疾病的病因。其实自从文艺复兴时代以来，人们就知道，食用新鲜果蔬能够部分解决坏血病的问题。虽然古希腊的盖伦（Galien）早就建议过可以把柠檬当作坏血病人的补品，但真正把柠檬当作一种治疗方法的，是 16 世纪的西班牙医生们。他们主要借鉴了美洲印第安人的药典，治疗过许多坏血病病例。胡安·德·托克玛达（Juan de Torquemada）修士推荐了一种美洲本地药

用柑橘对抗坏血病

这幅画表现的是 16、17 世纪海上常见的场景。马尼拉盖伦帆船队的乘客和船员们正在把新西班牙的教士们送来的橙子和柠檬装到船上。因为柑橘类水果是治疗坏血病的良药，所以那里的传教士们普遍种植它们来为盖伦帆船队提供补给。

方，就是每天服用两次白松的松果："上帝赋予了这种果实特别的功效，使它能够消除牙龈肿胀，维持牙齿坚固，并能清洁牙齿，祛除脓疮。"1596 年，探索过加利福尼亚和太平洋的航海家塞巴斯蒂安·维斯凯诺（Sebastián Vizcaíno）指出："对于这种病症，任何人造的药物或药方都不起作用，唯一有效的疗法就是多吃新鲜蔬果。"

在那个时期，西班牙的船队都依靠经常进食新鲜蔬果，尤其是柠檬、橙子等柑橘类水果，来预防坏血病。

《鲁滨孙·克鲁索》

赤着双脚，披着羊皮，背着从沉船里抢救出来的武器，孤身一人在荒岛上生活了多年……这便是丹尼尔·笛福（Daniel Defoe）于 1719 年 4 月在伦敦出版的《鲁滨孙漂流记》第一版卷首上鲁滨孙的形象。到了当年年底，这部著作的第一卷已经四度再版，并出现了多个版本。在 19 世纪末以前，西方文学再没有任何一本书获得如此巨大的成功。

但这类食物非常容易变质腐坏，难以贮藏，所以必须经常到邻近的港口去进行补给。这样一来，一切就都取决于所要进行的旅行的航程距离了。

从 1740 年到 1744 年，乔治·安森（George Anson）准将在西班牙和英国的战争期间进行了环球航行。他率领八艘舰船打了一场军事上的大胜仗，夺取了马尼拉盖伦帆船队。不过，坏血病、脚气病、失明以及"白痴、发狂和抽搐"等病症却夺走了他带领的 1900 人中 1400 人的性命。震惊之余，他坚持要求对此展开系统的调查研究。于是，曾经在加勒比海工作过的随船医生詹姆斯·林德（James Lind）就在 12 位航海过程中患病的患者身上试验了好几种药方。其中包括海水、硫酸溶液、大蒜和芥菜籽的混合物、萝卜、金鸡纳（秘鲁香脂）和没药液体。所有的患者都按照相同的基础食谱进食：早上是甜粥，中午是羊羔汤或布丁和饼干，晚上是大麦配葡萄干、大米配醋栗或者肉类配葡萄酒。此外，他向其中两个患者每天提供一升柠檬汁，并让他们空腹喝一些硫酸溶液；另外两个患者每天要空腹喝两小勺醋和一些粥。他给病情最严重的患者开的药是海水；给另外两个患者开的是橙子和柠檬；给剩下两个患者开的是大蒜和芥菜籽混合物。根据林德的记录，吃橙子和柠檬的患者病情奇迹般地好转，很快就重新投入工作之中。不过，在他规定的这样一种食谱下，这些患者竟然没有全部死掉，这才是最令人感到意外的！

这样看来，从那以后，人们就掌握了一种针对坏血病的治疗性药方而非预防性药方。但人们对于橙子和柠檬是否能够保护所有的船员还是心有疑虑，而且也不知道在长途渡洋的航行中怎么来贮存这些柑橘类的水果。英国海军部对林德的药方进行了讨论，但他的这种以柑橘类水果为基础的药方还是受到了质疑，一方面是因为其成本昂贵，另一方面是因为他们对其疗效仍然有所怀疑。他们还开展了多次实验，分别对柏油水、苹果汁、未发酵的麦芽以及（废糖蜜、松树法和酒精混合制成的）冷杉啤酒的疗效进行了测试；他们还测试了一位俄国北极探险医生的方子，是"温热的驯鹿血、生冻鱼，加上锻炼身体"。在 18 世纪 60 年代，库克船长坚信，荷兰船只从那个世纪初开始的一种习惯做法，即食用苦白菜（酸泡菜）能够保护船员不得坏血病。在 1789 年到 1794 年亚历山德罗·马拉皮纳（Alessandro Malaspina）指挥的西班牙环球大远征中，医生佩德罗·冈萨雷斯（Pedro Gonzales）给队员们分发了大量的新鲜果蔬和柑橘类水果。结果，在长达 56 天的从阿卡普尔科到马里亚纳群岛的航程中，只有一个人得了坏血病。可见，进食新鲜蔬果确实是抗坏血病的良方；然而，到了 1795 年，英国人乔治·温哥华（George Vancouver）仍然认为他的船员之所以得坏血病，是因为他们经常就着豆子吃肥肉。而从次年开始，英国海军部便指示在其所有舰船上配给柠檬。虽然人们对这种疾病的病因仍不明就里，但是总算懂得了如何避免它造成的严重恶果。从此以后，这种曾经令人极其害怕的疾病再也没有夺走过探索未知海域的探险家们的生命。

"星期五"的塑造

在狄德罗（Diderot）和达朗贝尔（d'Alembert）编撰的《百科全书》的一个词条中，"对于发现的狂热向往"被认为是启蒙时代的弊病之一。身为该百科全书发起人之一的狄德罗坚持认为："所有长距离的探险都会催生出新一代的野蛮游民，他们阅历了太多国家和地区，最终反而失去了归属感，只能沦为在水面上漂流的两栖人。"总之，他们变成了没有根的个体，完全丧失了道德。

狄德罗的这种判断反映了知识分子历史上一个有趣的问题。如果那些在远方历尽艰险的探险家在回到欧洲后用消极负面的方式来讲述自己发现的成果，那么所有的人都会认为他们的探险是失败的。事实上，自古以来，许多欧洲旅行家在讲述自己的旅行时都会刻意进行美化，以图换得一丝荣耀。只有在这样的语境中，你才能理解那种"野蛮人本质善良"的观念是如何出现并从文艺复兴时期开始盛行起来的。这其实是一种道德乌托邦。而旅行者和哲学家们一心想要为世界上那些激起了他们好奇心的地方塑造出一种充满异域情调和奇幻色彩的视角，从而为这种道德乌托邦提供了赖以存在的养分。而在18世纪和19世纪盛行开来的"东方主义"也是它的一种变体。从众多角度去考察，这样一种"善良的野蛮人"其实就是黄金时代的欧洲人的化身；它所隐含着的是一种失乐园的意象，一种已然消失湮没在现代性之中的、人们印象中更为美好的往昔的意象。所以，不管是在奥里诺科河上，还是在太平洋的汤加海滩上，又或者在阿拉斯加的诺奥特卡河边，出现在欧洲旅行者或探险家面前的那个人既相同也不同。

1719年，丹尼尔·笛福（Daniel Defoe）在《鲁滨孙漂流记》（*Robinson Crusoé*）这部海难小说的奠基作中，非常清晰地刻画了这种"他者"在欧洲人想象中形成的奇幻投射：他连篇累牍地描述了鲁滨孙怎么从食人族手中救下了印第安人星期五，怎么把星期五变成了他的仆人，同时也变成了他的一面镜子——他的另一个自我。然而，整整60年后的1779年，詹姆斯·库克在夏威夷的海滩上被当地土著人杀害，立刻就令西方人领略到了现实世界的复杂性。

善良野蛮人神话的诞生

欧洲人从 15 世纪开始在世界各地进行探险，先后在美洲和太平洋发现了一些"原始人"。这些发现渐渐在西方人的想象中滋生出了一种"善良野蛮人"的神话。

哥伦布在其对自己第一次印第安之旅的叙述中，就感慨过自己遇到的土著人非常温和而善良。这样一种观念蔓延开来，最终催生出了一种"善良野蛮人"的神话。在这类神话中，野蛮人与自然和谐相处，幸福而自由。按照让-雅克·卢梭（Jean-Jacques Rousseau）在其《论人与人之间不平等的起因与基础》（*Discours sur l'origine et les fondements de l'inégalité parmi les hommes*，1752年）中的说法，一旦建立起政治和社会制度，这样一种纯真无邪的状态就终结了，因为这些制度会腐坏人类天生的善良。卢梭的这种立场与英国人托马斯·霍布斯（Thomas Hobbes）的观点是对立的。后者早在一个世纪前即1651年发表的《利维坦》（*Léviathan*）中已经指出：自然状态下的人类在恐惧、暴力和缺乏信任的驱使下，总是在与自己的同类开战。就是在这个意义上，他才说出了"人对人是狼"的名言。

插图 《一个新西兰土著人的肖像》。这幅肖像画的作者，是曾于1768年跟随詹姆斯·库克进行第一次太平洋探险的悉尼·帕金森（Sydney Parkinson）。

亚历山大·冯·洪堡

《博物学家洪堡 1800 年在奥里诺科流域》，布面油画，创作者为魏奇（G. F. Weitsch），藏于德国柏林的老国立美术馆（Alte Nationalgalerie）。

插图（右侧） 选自洪堡与邦普朗合著，于 1811 年在巴黎出版的《1799、1800、1801、1802 和 1803 年在大西洋、新大陆和南方海进行的动物学和比较解剖学观察集》（Recueil d'observations de zoologie et d'anatomie comparée, faites dans l'Océan Atlantique, dans l'intérieur du nouveau continent et dans la mer du Sud pendant les années 1799, 1800, 1801, 1802 et 1803，藏于德国柏林的洪堡大学）一书第一卷的插画，画的是一只皮猴（Simia ursina）。

科学考察探险

在启蒙时代，无止境的好奇心铸就了科学研究的辉煌，表现为一系列研究规范得到建立和推广，还建立起了植物和动物的详细分类系统。人类自身当然也不例外地成了研究的对象。无论是在科学层面上，还是在精神层面和哲学层面上，科学考察探索都成为重大核心利益所在。

1758 年 4 月 20 日，战舰指挥官何塞·索拉诺·伊·博特（José Solano y Bote）从奥里诺科河沿岸偏远的劳达莱斯哨所给西班牙国务大臣理查德·沃尔（Richard Wall）写了一封信。在公务交流中吐露个人感受是不合适的，但他还是大胆地向国务大臣表达了他对自己所接受的任务的感想。他说："这些荒蛮之地的客观条件确实艰苦，需要凭借坚强的意志和高超的本领才能加以应对和克服，以免因为自身的虚弱而做出错误的判断。对荣耀的渴求当然是必要的，因为即便找到埃尔多拉多黄金国的希望极其渺茫，但潜藏在大自然中的危险却无时无刻不在威胁着我们，所以必须能够超越自我，紧紧依靠我们手头掌握的一切来做出一点成绩。"正如索拉诺所述，作为探险者，必须具备强大的体力和顽强的意志，必须做好充分的准备，并且拥有在极端条件下成就一番事业的进取心。而这也反映了启蒙思想的某种矛盾性。一方面，这些开明的冒险家非常乐意把自己描绘成促进全世界进步的先驱，所以从根本上说，他们是 18 世纪节节获胜的西方扩张意志的代表；但另一方面，他们中的许多人又有着各自的理念，对其他民族充满了同情，对其他文化抱持着开放的心态。或许正是这样一种矛盾性阻止了西方模式一统天下。18 世纪，探险者来自不同的国家，构成可谓五花八门。他们当中，有人富，也有人穷；有人探险为了满足自己的好奇心，也有人探险为了满足自己的贪婪心；有人出身高贵，也有人出身平民；有教士，也有军人；有医生，也有数学家；有人是学者，也有人是走私贩子……令这个世纪的探险活动变得色彩斑斓、五味杂陈。

科学考察探险的目标

从 17 世纪末开始，牛顿物理学的发展不仅对天文学、地理学以及地图测绘等学科产生了决定性的影响，还催生出了一类专门以科学研究为使命的探险活动，后来人们将其称作"科学考察探险"。科学考察探险队的目标，是收集各类数据，以供学者们展开研究并赖以提出新的诠释和理论。运气好的话，它们收集到的数据甚至能帮助科学界发现世界运行的一些普遍定律。如果说世界是一本有待人类去解读的书，那么科学考察探险就是人类秉持启蒙时代所倡导的"通过技艺去弥补先天的不足"这一积极行动的精神而做出的初步尝试。

要开展科学考察探险活动，就要把相关人员及器材运送到一些遥远的地点，还要为他们提供保护和补给。所以科学考察探险队实行的都是军事化的后勤保障。它们续写了探索和发现的历史传统，但为了适应海外的现实，为了适应天文学、植物学、水文地理学、考古学以及矿物学等学科领域对探索活动提出的特定目标，它们又具备了有别于传统探险活动的特点。从这个意义上说，它们满足了当时欧洲各国对于信息的迫切需求。同时它们在全球范围内曾经开展得轰轰烈烈，而关于这一点人们直到现在才开始有所了解。

　　科学考察探险队是如何与亚洲、美洲、非洲或澳大利亚当地的环境进行互动的？这个问题常常被人们忽略。主流话语一味宣扬科学考察探险的进步意义，歌颂科学考察探险活动促使全人类从野蛮走向了文明，或一味赞美科学家们在生活和工作中表现出的英雄主义献身精神，仿佛他们就是古代宗教圣徒或殉教者在现实世界中的化身。从这个意义上说，无论是城市还是乡下、山区还是林地、传教使团还是边境村镇，只要那里出现了科学考察探险队员的身影，就预示着资本主义那种集中的、实用的新型权力的触角延伸到了那里。不同的科考探险队因为所开展活动的学科领域不同，所以取得的成果也各不相同。在对地球的地理测绘领域，科学考察探险进行得颇为顺利，使人们充分可靠地掌握了地球的地域分布状况，前所未有地提升了人们的信心：有了更精准的地图，就能知道哪些海域是可以航行的；有了可靠的统计和普查数据，开展勘测和治理就有了指导；人们还发现可以将各种植物移栽到花园里加以研究；而许多孜孜追求进步的学术期刊也致力于对地球做出科学的描述。

　　无论是在欧洲各大都市，还是在海外殖民属地，数学界、航海界、地图制图界、各植物园、各科学机构以及各项地图测绘工程纷纷对科学考察探险队带回来的信息资料加以利用。总的来说，这些科学考察探险队都充满了乐观的信心，相信人类有能力实现对物种、语言和人种的分类，编制出关于物质资源和人文资源的详尽清单，描绘出这个广阔地球的完整画像。

　　由于各科学考察探险队研究兴趣和考察目标庞杂，所以很难按时间或主题对它们进行分类。最初，也就是从1730年开始，所有的科学考察探险队都会努力地订立一份包罗万象、面面俱到的考察清单。它们所表达的是当时正在欧洲本土兴起的科学界的理想，因而兼具探索性、系统性、集中性、个体性和为君主制服务等多重特征。它们的使命与欧洲各国扩张海上贸易、寻找原材料、开发新市场、治理国土以及巩固疆界密切相关。

　　而在之后的几十年中，科学考察探险队的考察目标对象渐渐从宽泛转向专业。一提到在太平洋上进行的伟大探险，人们就会联想到古老传说中那些独自面对死亡的航海家的形象。但其实每一次太平洋探险的考察目标都各不相同，所涉及的学科

在旧制度与大革命之间

18 世纪下半叶，启蒙时代思想家们的道德与政治理念在欧洲得到了广泛普及，而大多数君主还执着于绝对专制。

1715年，路易十四去世，但他的统治方式依然是欧洲各国君主效仿的典范。虽然英国和荷兰联省共和国的体制有别于绝对专制，但波旁家族统治的西班牙，以及奥地利、普鲁士和俄国都从这位逝去的"太阳王"的性格和统治原则中获得了启发。不论是普鲁士的腓特烈二世，还是俄国的叶卡捷琳娜二世，他们所贯彻的"开明专制主义"的特点，都是在强化政治权力的同时把自己打扮成开明的改革者和启蒙时代哲学家们宣扬的道德和政治原则的先行者。与此同时，在法国，路易十六的权力似乎已经无法保障"旧制度"的发展。到了1789年，这种"旧制度"终于被法国大革命打垮了。

插图 《无忧宫里的一场宴会》。阿道夫·门泽尔（Adolph Menzel）重新创作于1850年。画中，参加宴会者包括普鲁士的腓特烈二世、伏尔泰以及拉美特利（La Mettrie）（藏于德国柏林的老国立画廊）。

领域也丰富多样。有的偏重于植物研究，有的专注于古迹遗址研究，还有的致力于矿物矿藏研究。从 1800 年开始，科学考察探险的目标对象在专业化的基础上进一步细分。从此，科学考察探险渐渐演变成了某些政治措施的投石问路之举，成了反映官僚政策的表象。

精心的准备

要组织一次重要的科学考察探险，既要注重宏观层面的规划，也要讲究每个细节的筹谋。首先，要开列一份清单，详尽地列出对目标地区已经掌握的知识，

并确定考察要达到的目标。要向船舶驾驶员、科学家、科学院以及各种学术机构征询意见，要查阅研读各种书籍、汇报和外交报告，这些都是必须进行的预备工作。然后要从本国或外国遴选科学考察探险队成员，天文学家、宇宙志学家、地理学家、工程师、博物学家、内科医生、外科医生、植物学家、教士和绘图师都是组建科学考察探险队所需的人才。还要采购相关的书籍和工具。官方还要就考察线路、考察方法、考察的公开目的以及秘密目的，乃至人员服装、作息、薪酬以及饮食等日常生活的安排作出明确的指示。

显微镜

青铜和珐琅质地，马尼（A. Magny，1712—约1777年）在巴黎制造（藏于奥地利维也纳的艺术史博物馆）。

金星凌日：天文学大事件

地球与太阳之间的距离是一个令 17 世纪和 18 世纪的科学家们争论不休的问题。这不只是一个具体数据的问题，而是为了更好地了解太阳系必须掌握的一项关键要素。

16世纪的天文学家们认为，确定了地球与太阳之间的距离，就能够获得计算太阳系的大小乃至宇宙的大小所必需的一个测量单位。古希腊人早就思考过这个问题，但没有结果。近代的尼古拉·哥白尼（Nicolas Copernic）也未能得出结论。直到18世纪发生了两次"金星凌日"（分别发生于1761年6月1日和1769年6月3日），才为这个问题带来了解决的希望。"金星凌日"，指的是该行星从地球和太阳之间经过。人们可以利用这个机会，借助所谓的视差法（就是从地球上相隔遥远的两地来同步测定金星进入和离开日轮的时间）来计算金星与太阳这两个天体之间的距离。埃德蒙·哈雷（Edmond Halley）于1716年提出的这个方法证明，在1761年把多位科学家派往地球各处以实现同步观测，是合理而必要的。他们采集到的数据并不足以一锤定音，反而令人们对1769年的金星凌日抱有了更大的期待，因为再下一次的金星凌日现象就要等到1874年以后才会发生了。1769年，詹姆斯·库克船长也参与了这项研究，他在大溪地进行了观测。尽管这一次的结果依然不能令人满意，但总算使人们在这个问题的研究上取得了重大的进展。

插图 1643年的一幅关于月球、金星以及水星的位相图（私人收藏）。

科学考察探险队的队员一般来自纪律严明、等级分明的体制内机构（如海军和陆军），但也有相当多的平民和宗教人士。在遴选队员方面，组织者遵循的标准一般是"强壮、能干且忠诚"。而参加科学考察探险队，可以享受到职位晋升、薪酬上涨以及其他方面的政策优惠。科学考察探险的资金投入通常非常巨大，这充分证明科学考察探险牵涉重要的科学和政治利益。所以历史上为了科学考察探险，还专门建造了许多舰船；那些舰船的建造采用的都是当时最新最先进的造船技术，船身坚固、操控方便，船上还配备着各种实验室、植物标本室和图书馆。还特别重视指南针、计时器、座钟、天文望远镜以及象限仪等科学仪器设备的采购。科学考察探险的成本如此巨大，即便有时候会有一些贸易公司、学术机构、大学或个人提供部分资金，但对于当时的欧洲国家来说，不论它是君主制国家还是共和制国家，都需要举国家之力进行投入。当然，科学考察探险并不是纯粹烧钱的事业：因为它在地图测绘、植物培育或矿藏勘探方面取得的创新成果必将带来多方效益；而且除此之外，有时候科学考察探险队通过商品销售、海外产品贸易以及陆地和海洋地图的出版，还能创造一些直接的收入。

读天

最早的科学考察探险队，是分别由皮埃尔-路易·德·莫佩尔蒂和夏尔·玛丽·德·拉·贡达米纳发起的两支探险队。它们的目的都是确定地球的形状，都是在 1735 年启程，分别前往拉普兰和基多。而在 1769 年快要到来之时，又一支天文考察探险队成立了，其目的是抓住金星飞越加利福尼亚上空的机会对其开展研究。这项研究对于确定地球与太阳之间的距离以及太阳系的大小都非常必要。和上一次的基多科学考察探险一样，这一次科学考察探险也是西班牙和法国合作的成果。这支科学考察探险队的主要成员有神父夏珀·多特罗什（Chappe d'Auteroche）、工程师让·保利（Jean Pauly）、绘图师让·诺埃尔（Jean Noël）、钟表匠让-雅克·杜布瓦（Jean-Jacques Dubois）、船副维森特·多兹（Vicente Doz）和萨尔瓦多·德·梅第纳（Salvador de Medina），以及墨西哥克里奥尔人华金·韦拉斯克斯·德·莱昂（Joaquin Velasquez de León）。当时，欧洲和世界多地都在为观测这一天象进

莫佩尔蒂在拉普兰

数学家、生物学家和天文学家皮埃尔–路易·德·莫佩尔蒂（1698—1759 年）率领探险队远征拉普兰，为的是测量地球的子午线。这位科学家接受了牛顿的理论，因而惯于从力学和唯物的角度去观察世界；在生物学领域，许多人将他视作自然选择理论的先驱。图为路易·菲吉耶（Louis Figuier）的《科学及从事科学的人们》（La Science et ses hommes）一书中的版画，该书于 1881 年在巴塞罗那出版。

行安排，与此同时该探险队已经准备好了座钟、四分仪、视差仪以及天文望远镜等仪器设备。

科考探险队成员先在加的斯集合，随后横渡大西洋前往韦拉克鲁斯。他们于 3 月 6 日抵达了那座城市。两个星期之后，他们到达了墨西哥首府，并于 4 月 30 日踏上了前往"加利福尼亚半岛"的最后一段征程。在穿过奎雷塔罗（Querétaro）和瓜达拉哈拉（Guadalajara）后，他们到达了圣布拉斯（San Blas）港。6 月 3 日，夏珀神父、多兹、梅第纳和韦拉斯克斯·德·莱昂终于观测到了金星凌日的现象。仅仅两天后，一场斑疹伤寒流行病夺去了夏珀、梅第纳以及许多士兵和土著助手的生命。尽管如此，这次观测还是堪称历史上最完美的一次观测；依据此次观测的结果，人们得以修正了新西班牙总督辖区的天文定位。

而等到再一次组织如此大规模的科考活动，已经是那个世纪末了。当时正处于轰轰烈烈的大革命过程中的法兰西共和国发起了测算从敦刻尔克至巴塞罗那的经线弧长度的工程。这项工程是把"米"确定为国际通用度量衡单位的前奏。1799 年，法国一个专门委员会接受了一个国际学术研讨会的建议。它规定，鉴于地球的极地扁平率为 1/334，按照"巴黎科学院"的标准，新测定的敦刻尔克至巴塞罗那的距离应为 443296 突阿斯。同时规定，"一米"的长度为地球经线弧一半的千万分之一。

十进位的公制系统得以问世。按照其倡导者们所说，这种度量衡制度源于自然界的普适模式。这显然是一种彻底的革命论调。但公制系统使以角度为基础的天文定位方式过渡到以线条为基础的更加适合地球表面的定位方式，这当然代表着一种无可否认的进步。

林奈及其弟子

对植物的好奇和兴趣使植物学成为 18 世纪最为显要的一门学科，乃至于植物标本的采集和制作成为当时每一个体面人都必须接受的教育。卡尔·冯·林奈（Carl von Linné）在其中发挥了奠基的作用，这位瑞典人创造了以属、种概念为基础的现代动植物分类学。林奈的一生，致力于把充满才华的弟子派往世界各地，建立自己的学术门派，并孜孜以求地推广自己的生物分类方法。其实，这种新的植物分类法的传播关系到瑞典的商业利益，也暗藏着一些霸道的心机。1732 年，林奈受乌普萨拉皇家科学院资助到北部拉普兰地区旅行，他对那里的植物、动物和矿物进行了研究，还对当地的土著萨米人（生活在苔原地带驯养驯鹿的游牧部落）进行了考察。1737 年，他发表了《拉普兰植物志》（Flora lapponica）。接下来，他游历了挪威、芬兰、德国、英国和荷兰。在荷兰，他遇到了一个重要的人物，植物学家赫尔曼·波哈维（Herman Boerhaave）。后者建议他将视线转向非洲和南美，那些遥远的地方才是广阔的植物乐园。林奈拒绝了这个提议，他说他受不了那些地方的酷热天气。不过，他设想出了一个全面策略，并且立即着手实施。那就是派遣自己"心爱的弟

Animals inhabiting Multivalve and Bivalve Shells.

Published Aug' 1788 by J. Barbot N° 46 Great Titchfield Street Cavendish Square.

林奈系统：现代生物分类学的基础

18世纪的探险与之前不同，除了纯粹意义的探险以及出于政治、宗教或经济目的的探险之外，还增加了科学上的追求。为了收集各知识领域的数据与信息，各国皇家科学院都展开了对科学考察探险的资助。

18世纪，与对各领域知识的渴求相伴而生的，是对纷繁复杂的世界进行分类整理的需求。从这个意义上说，林奈于1735年提出的现代生物学分类原则尤为重要。林奈的生物学分类法对所有生物按层级进行分类，并用二名法加以命名，其中第一个名字为属名，第二个为种名（比如：灰狼的学名是"Canis lupus"，即"犬属灰狼种"）。

插图 上图为詹姆斯·巴布特于1783年在伦敦印制的林奈著作《林奈蠕虫分类法》（*The Genera Vermium of Linnaeus*）中介绍双壳类动物的页面；右图为以林奈的名字命名的"林奈北极花"（*Linnaea borealis*）。

子"代他前往世界各地、代他去承受各种风险。他的许多弟子都为此付出了生命。而林奈在 1738 年之后就再也没有离开过瑞典。他安安稳稳地留在瑞典，把自己变成了所有弟子的老板，把自己塑造成了科学界的英雄。

林奈到底有多少弟子，我们并不清楚。但我们知道其人数绝不下于 20 人。其中，克里斯托弗·塔恩斯特伦（Christopher Tärnström）前往中国采集植物标本，于 1746 年因发热死于越南。弗雷德里克·哈塞尔奎斯特（Fredric Hasselquist）游历了巴勒斯坦和圣地耶路撒冷，不过，他由于耽于女色而于 1752 年力竭而亡，时年 30 岁。佩尔·洛夫林（Pehr Löfling）加入了西班牙边界探险队对奥里诺科河进行探险，并在写完《植物群落》（Flora

乌普萨拉植物园

1750 年，林奈被任命为乌普萨拉大学校长。于是，这所大学进入了自然科学研究大发展的阶段。每个星期六，林奈都会组织自己的弟子去郊外研究当地的植物群落，并将一些植物样本带回移植到该所大学的植物园中。这幅创作于 18 世纪的版画表现的就是忙于植物分类工作的科学家林奈（私人收藏）。

179

Cumanensis，第一部按林奈分类法对新大陆植物进行分类的植物志）一书后，于1756年突然发烧死去。佩尔·奥贝斯克（Pehr Osbeck）到达中国，在广东地区采集植物标本，并成功地回到瑞典展出了他的发现，但他没有带回林奈要求的茶树而使林奈大为恼火。佩尔·福斯考尔（Pehr Forsskal）于1761年参加了卡斯滕·尼布尔（Carsten Niebuhr）率领的丹麦探险队，去了《圣经》中描述过的埃及、"幸福的阿拉伯"以及红海地区，但在两年后被疟疾夺走了生命。佩尔·卡尔姆（Pehr Kalm）在1747年至1751年间游历了北美洲东海岸，探索了尼亚加拉大瀑布，出版的游记大获成功。林奈还有许多弟子去了苏里南、施皮茨贝格群岛、几内亚、西非、突尼斯、利比亚、俄国、日本、南非、太平洋、澳大利亚和新西兰等地。比如，林奈心爱的弟子丹尼尔·索兰德（Daniel Solander）于1768年至1771年间跟随詹姆斯·库克船长的环球旅行探险队去了澳大利亚和新西兰，并从那里带回了30000种植物标本。后来，他总算摆脱了老师林奈的控制，彻底拒绝服从其权威，并且一辈子都没有再回瑞典。

植物"黄金国"

随着林奈的弟子在世界上的奔波，"植物学是一种有用的学科"的观念普及全天下。三支以西班牙美洲属地为目的地的大规模科考探险队组建了起来。其中一支探险队去的是秘鲁总督辖区和智利都督辖区，其主要目的是深入研究当地的商业化前景。准备工作从1777年就开始了。植物学家希波利托·鲁伊兹（Hipólito Ruiz）和何塞·安东尼奥·帕文（José Antonio Pavón）、法国医生约瑟夫·唐贝（Joseph Dombey），还有画师何塞·布鲁内特（José Brunete）和伊西德罗·加尔维兹（Isidro Gálvez）都参加了此次探险。他们于1778年4月在卡亚俄靠港上岸。探险队在利马受到了牧师兼植物学家弗朗西斯科·冈萨雷斯·拉古那（Francisco González Laguna）、数学家考斯姆·布伊诺（Cosme Bueno）以及医生希波利托·乌纳埃（Hipólito Unanue）等人的热情接待，随后探险队成员们就努力地在秘鲁首府周边地区以及附近沿海省份采集植物标本。1780年，他们去了瓦努科（Huánuco），并在那里发现了金鸡纳的几个不同品种，但因为恰逢印第安酋长图帕克·阿马鲁

（Túpac Amaru）起义造反，他们只得转而去往智利。在进山观察著名的智利松树南美杉（Araucaria）后，他们在圣地亚哥和瓦尔帕莱索（Valparaíso）采集了植物标本，之后便返回了利马。唐贝因为要把他采集的植物标本上交给西班牙人，所以就于1784年底先行返程了。鲁伊兹、帕文及其合作者们继续留在秘鲁，不过他们运气不好：运送他们考察成果的"圣佩德罗·德·阿尔坎塔拉"号（San Pedro de Alcántara）在葡萄牙沿岸发生海难沉没，而他们存放植物标本的农场发生了一场大火，把他们最后的研究成果烧成了灰烬。

翌年，药剂师胡安·何塞·塔法拉（Juan José Tafalla）与绘图师弗朗西斯科·普尔加尔（Francisco Pulgar）携手重新开启这一探险。他们一起开始重新采集植物标本，并参与创建了利马植物园。他们还就近研究了瓜亚基尔的植被以及洛哈（Loja）和哈恩（Jaén）的金鸡纳树。

从1783年到1816年在新格拉纳达进行的植物学探险就非常不一样。它促成了一家科学艺术研究所的成立。那家研究所的核心是一位魅力超凡的人物，加的斯的博物学家何塞·塞莱斯蒂诺·穆蒂斯（José Celestino Mutis）。这次探险其实是南美洲本地人发起的，得到了西班牙本土的支持。该研究所的团队成员大多来自马里基塔（Mariquita）和圣菲波哥大，分别从事多种学科研究；他们克里奥尔化程度很高，在政治上强烈主张西班牙的美洲殖民地实现自治。穆蒂斯早年在塞维利亚和故乡加的斯学医，于1761年作为总督佩德罗·梅西亚·德·拉·塞尔达（Pedro Messía de la Cerda）的私人医生来到了新格拉纳达。此后，他致力于医学和采矿学研究，直到1783年他被任命为这支探险队的队长、植物学家和天文学家。从开始到1791年，这些人是和新格拉纳达以及基多的一些博物学家及画师一起工作的。到了圣菲波哥大之后，画师兼植物解剖学家弗朗西斯科·哈维尔·马蒂斯（Francisco Javier Matis）、植物学家弗朗西斯科·安东尼奥·泽阿（Francisco Antonio Zea）和辛弗罗索·穆提斯（Sinforoso Mutis）、动物学家豪尔赫·塔德奥·洛萨诺（Jorge Tadeo Lozano）以及地理学家兼天文学家弗朗西斯科·何塞·德·卡尔达斯（Francisco José de Caldas）也立即加入了进来。

在联合领导小组的积极努力下，此次科学考察的区域范围得以扩大。这支探险

何塞·塞莱斯蒂诺·穆蒂斯，新格拉纳达伟大的植物学家

随着林奈的发现，植物学在欧洲成为一门显学。西班牙也对这门学科表现出了热情。西班牙拥有广袤的殖民地，生态系统和气候丰富多样，为开展科学考察、探索未知物种提供了理想的条件。穆蒂斯在这些研究领域发挥了领军的作用。

1764年，时任新格拉纳达总督医生的何塞·塞莱斯蒂诺·穆蒂斯把一份采自洛哈（位于厄瓜多尔）的金鸡纳样本寄给了林奈。从此，直到林奈于1778年去世之前，两位科学家之间一直保持着通信联络关系。穆蒂斯利用这一关系向林奈的圈子介绍自己的方法和发现。同样出于这个原因，他坚持说服西班牙王室组织一场对新格拉纳达的科学考察探险。新格拉纳达地域辽阔，涵盖了今天的哥伦比亚、委内瑞拉、巴拿马、厄瓜多尔以及巴西北部。1783年，他的要求得到了回应：以穆蒂斯为首的这场远征采集到了种类丰富的植物样本，提供给了马德里的皇家植物园。此外，穆蒂斯还亲手绘制了一套哥伦比亚植物群落图集。

插图 右图选自穆蒂斯手绘的新格拉纳达植物图志（藏于西班牙马德里的皇家植物园）；左图为阿尔瓦雷斯·德·马查多（Álvarez de Machado）于1787年绘制的学者穆蒂斯的肖像（藏于西班牙马德里的国立皇家医学科学院）。

Alstroemeria pulcherrima

队在植物学研究上取得的成果仅仅局限于生物分类学的层次，但从图像学角度而言则堪称权威。探险队最终在一片混乱中解散：它的许多成员都去参加了当地的独立斗争。总而言之，这次探险队对于科学的历史和今天哥伦比亚国家领土的形成都产生了深远的决定性影响。

克里奥尔人的植物园

第三支植物学科考探险队从1787年至1803年在新西班牙开展考察活动。这支探险队是在阿拉贡医生马丁·德·西塞（Martin de Sessé）的争取下组建的。西班牙王室指示其

Swartzia triuflora

对该总督辖区的天然产品开展研究，以促进物理学和医学的进步，并修订 1571 年腓力二世派去研究墨西哥自然历史的伪医生弗朗西斯科·埃尔南德斯（Francisco Hernández）的著作。除了西塞以外，这支探险队还包括植物学家维森特·塞万提斯（Vicente Cervantes）和胡安·德尔·卡斯蒂略（Juan del Castillo）、药剂师海梅·塞恩维（Jaime Senseve）、博物学家何塞·隆吉诺斯（José Longinos）、墨西哥医生兼植物学家何塞·马里亚诺·莫西尼奥（José Mariano Mociño），以及墨西哥圣卡洛斯皇家学院的绘图师维森特·德·拉·塞尔达（Vicente de la Cerda）和阿塔纳西奥·埃切维里亚（Atanasio

Echeverria）。1788 年，墨西哥创设了植物学讲坛以及一个附属的植物园，体现出这次科考探险受到来自西班牙本土远远的关注，并对墨西哥的克里奥尔科学界的发展产生了影响。

这次探险进行了三场大规模的植物学科考活动。第一场开展于 1788 年，对墨西哥城和库埃纳瓦卡（Cuernavaca）周边地区进行了考察。第二场于 1789 年进行，探险队探索了墨西哥城通往阿卡普尔科的沿路。而第三场一直持续到 1791 年，考察了克雷塔罗（Querétaro）、瓜纳华托（Guanajuato）、科利马（Colima）和乌鲁阿潘（Uruapan）以及其他一些地方。科考探险队的一些成员还开展了一些特别的研究活动，比如莫西尼奥对阿拉斯加的努特卡湾以及图斯特拉（Tuxtla）的火山进行了考察，还有何塞·隆吉诺斯也开展了一些个人的研究活动。隆吉诺斯于 1792 年参加了一次前往加利福尼亚的短途考察，还在危地马拉建立了一家自然历史博物馆。在此次科考探险于 1803 年结束后，西塞、莫西尼奥和绘图师埃切维里亚回到了西班牙。但直到几十年后，记录此次科考探险的植物学研究主要成果的手稿才出版。

与此同时，还有许多西班牙植物学家以及其他欧洲人游走在世界各地。巴尔塔萨·博尔多（Baltasar Boldo）和安东尼奥·帕拉（Antonio Parra）在古巴开展研究工作。葡萄牙人弗朗西斯科·诺罗尼亚（Francisco Noronha）去了菲律宾以及多个荷兰和法国的殖民地。他主要是为菲律宾之友经济协会和荷兰东印度公司工作的。药剂师胡安·库埃拉（Juan Cuéllar）曾先后在西班牙、法国和英国从事研究。之后他去了锡兰，又去了印度，并在 1786 年作为植物医生被派往菲律宾去提高肉桂的产量。后来他又到了爪哇，并成为第一位被许可在该岛的内部地区进行考察的植物学家。他在旅途中编撰了一部爪哇自然历史，并在其中特意提出了饮食文化的概念，还对当地的动物和矿物进行了描述。1787 年，他在法兰西岛（毛里求斯）对庞波慕斯植物园进行了考察研究，因为那座植物园里引进了许多外来植物品种。在马达加斯加短暂居住了一段时间后，他最终死在了法兰西岛，死因大概是疟疾。

伟大的远征

航海家路易–安托万·德·布干维尔（Louis-Antoine de Bougainville）1767 年的计划很好地反映了当时法国人的心态：他们在四年前结束七年战争之后，被赶出了美洲，所以既然在北半球失去了加拿大，就一定要在南半球找补回来。

布干维尔有着迷人的魅力。他高贵文雅、擅长交际，他没有遵循家族传统去当律师，而是于 1753 年参军入伍。有一次在伦敦逗留期间，他出版了一部两卷本的微积分著作，结果就被英国皇家学会吸收为会员。1760 年，他在参加了保卫魁北克的战斗之后回到了巴黎。之后，他参与了在马尔维纳斯群岛建立殖民点的计划，这些殖民点于 1766 年转手卖给了西班牙人。在法国国王的支持下，他再次出发向西航行。他率领两艘船——"嗔怒"号和"恒星"号，以及 330 个海员和科学家，开始了法国人历史上的第一次环球航行。

麦哲伦海峡可怕的洋流使他们在这条通向太平洋的航道中整整堵了 52 天。之后的西南风又令他们无法前往胡安·费尔南德斯（Juan Fernandez）群岛。不过，他们还是得以于 1768 年在大溪地（Tahiti）靠泊。当地和善的土著人和美丽的风景都令布干维尔如痴如醉，于是他将这座岛命名为"新基西拉岛"，以纪念古希腊神话中从海里诞生的维纳斯的出生地。探险队一上岸后，就发现队中植物学家菲利拜尔·康默森（Philibert Commerson）的仆人其实是个名叫让娜·巴莱（Jeanne Barret）的女人，她为了能够参加这次航海旅行而一直女扮男装。布干维尔还到访了萨摩亚、瓦努阿图以及新几内亚，之后前往爪哇休整实力。在爪哇，荷兰人对香料生产和交易的控制以及他们对待当地土著人的粗暴残忍都给这位法国航海家留下了深刻的印象。

对于当时的法国人来说，太平洋是一片新的远方。那时，这片海洋刚刚成为俄国、西班牙、英国以及法国疯狂争夺的舞台。1759 年，何塞·托鲁比亚（José Torrubia）神父在罗马出版了《莫斯科人在加利福尼亚》（*I Moscoviti nella California*）一书，提及了俄国人以阿拉斯加为起点的南进意图。几年后，到了 1765 年，墨西哥总监察长何塞·德·加尔维兹（José de Galvez）为墨西哥总督辖区向北

萨缪埃尔·瓦利斯与大溪地的发现

虽然麦哲伦在 1521 年曾经在相邻的土阿莫土群岛登陆，虽然费尔南德斯·德·奎罗斯（Fernandes de Queirós）早在 1606 年就已经远远地看到了它，但直到 1767 年 6 月 19 日环球航行中的英国人萨缪埃尔·瓦利斯（Samuel Wallis）踏上大溪地的土地，这座法属波利尼西亚群岛中最大的岛屿才算被正式发现了。瓦利斯还在太平洋中发现了其他许多岛屿。

10个月后，法国人路易-安托万·德·布干维尔（Louis-Antoine de Bougainville）也来到了大溪地。他对当地居民朴实善良品性的描述进一步丰富了西方人对于波利尼西亚天堂以及善良野蛮人的想象。

插图 图为加利纳（Gallina，1796—1874年）创作的彩色石版画，表现的是瓦利斯受到大溪地女王奥伯瑞亚（Oborea）的欢迎（藏于那慕尔档案馆）。

（即"新西班牙的北方"）扩张领土提供了决定性的支持。而英国人和法国人则为了发现、测绘乃至占领太平洋上的每一个岛屿而展开了一场激烈的海上竞赛，他们之间的争斗一直持续到了拿破仑战争期间。

1765 年，英国的拜伦（Byron）准将率领舰队用最快的速度横渡了太平洋，第一次实现了用不到两年时间完成一次环球航行。1767 年，另一位英国人菲利普·卡特雷特（Philip Carteret）证明，人们自 16 世纪末以来一直寻找的南方大陆不可能位于复活节岛以东。而西班牙人费利佩·冈萨雷斯·德·艾哈多（Felipe González de Ahedo）则于 1770 年占领了复活节岛。他为在该岛上发现的摩艾（moai）巨型石像感到深深震撼，并成为第一个绘制当地地图的西方人。瓦利斯

（Wallis）船长也登陆过大溪地，还为所谓大溪地土著居民有滥交习俗的说法添油加醋。从此，这种说法就被形象地绘制在有关南太平洋的版画和图片上，并成为一种根深蒂固的传说。而这些版画图片传遍了整个欧洲，或多或少引发了哲学家和思想家的奇思幻想，那片地区被臆想成人类失落已久的乐园。

那个时期，也是18世纪海洋探险的标志性人物、英国军官詹姆斯·库克（James Cook）开展航海旅行的时期。詹姆斯·库克出身卑微，先是在一些商船上当见习水手，后来得以作为普通水手加入了英国皇家海军。七年战争使他有机会展现自己在地图测绘方面的特殊才华。从1763年开始，他绘制出了非常精确的纽芬兰海岸地图，从而声名鹊起。三年后，英国皇家学会招募他参加观测预计将于1769年发生的金星凌日的任务。

库克是一位出色的航海家，为了观测这一天文现象，他绕过合恩角，驾驶着"奋斗"号（Endeavour）向大溪地方向航行。但库克、天文学家格林（Green）以及博物学家索兰德（Solander）在这项研究上并没有取得什么结论，于是他们继续向新西兰前行，并于10月7日抵达了那里。在接下来的六个月间，库克绘制了澳大利亚4500公里长的海岸线地图。他还在植物学湾（Botany Bay），也就是1788年建立第一个殖民点并最终发展成悉尼（Sydney）的地方，靠岸登陆。探险队成员们之所以把那片海湾命名为"植物学湾"，是因为探险队里的博物学家们，尤其是班克斯（Banks）和索兰德在那里发现了一些新的植物品种。探险队里有一位名叫图帕亚（Tupaia）的波利尼西亚向导，"精明、机巧、骄傲而顽固"，帮助他们命名了不下70个岛屿，并帮助他们绘制了那些岛屿的地图。之后，詹姆斯·库克及其手下调整航向，朝着西北偏北方向前进，在穿过南纬25度线后冲进了大堡礁。他们只能眼睁睁地看着自己的"奋斗"号舰船搁浅在礁石上。经过20天的抢修，他们的船终于又能劈波斩浪了。于是，库克沿着海岸线一直航行到了约克角。1770年，在这片"从未有任何欧洲人访问或考察过"的土地上，库克宣布以英国王室的名义占领了澳大利亚的东海岸，并将其命名为新南威尔士。

随后，库克朝着爪哇的巴达维亚航行。这支探险队本来靠着进食白菜和柑橘水

新"奋斗"号

2012年5月，詹姆斯·库克的"奋斗"号的复制品耗时五个月航行了13100海里、经停18个港口之后来到了澳大利亚悉尼。1768年，詹姆斯·库克之所以选中这艘运煤船来进行他的首次南半球海域远征，是因为它容积巨大。"奋斗"号的主桅和前桅上挂着两面方帆，后桅上装着几面横帆，能够应对最恶劣的天气状况。

果，好不容易才战胜了坏血病；结果到了爪哇，很多探险队员们却因为染上疟疾而不幸死亡。1771年，库克回到英国。他发表的见证和航海日志激起了英国皇家学会的兴趣，学会再度委托他开展第二次航海旅行。此次旅行从1772年持续到1775年。因为他已然见证了新西兰只具有岛屿的特征而澳大利亚东部海岸线却具有大陆的规模，所以这一回他的任务就是再次寻找那块南方大陆。在这一场漫长的旅行中，刚刚晋升为少校的库克指挥着"决心"号（Resolution）主舰和"冒险"号（Adventure）辅舰三度穿越了南极圈，到达了南纬71度线，想要寻找南极大陆，但没有成功。在这三年中，他进行了多次中途停留，巩固了对所到之处（复活节岛、大溪地、新西兰等地）的认识，还发现了新卡列多尼亚。借助所配备的哈里森天文钟，库克对自己前一次收集的经度数据进行了更加精确的修正，并准确地确定了马克萨斯群岛的位置。

回到英国后，库克放弃了寻找那传说中的南方大陆的努力，因为他觉得那是在浪费时间。不久之后，在 1776 年，库克又开始了他的第三次航海。这一次他的主舰依然是"决心"号，但辅舰换成了"发现"号（Discovery）。这一次，他的目标是寻找 16 世纪以来人们一直想象的那条连接太平洋和大西洋的西北通道。他先是取道印度洋，于 1777 年经过新西兰，接着掉头向北。1778 年，这两艘舰船在一块不曾出现在任何地图上的土地靠岸停泊：那就是夏威夷群岛里的考艾岛（Kauai）。库克为了纪念英国海军大臣，同时也是他的靠山的三明治爵士（Lord Sandwich，又译作"桑威奇爵士"——译者注），而把夏威夷群岛命名为"三明治群岛"（又译作"桑威奇群岛"——译者注）。库克船长当然清楚这些岛屿的战略价值，所以他将它们都记录到航海日志之中。夏威夷人举行了盛大而热情的仪式来欢迎这些航海家。库克可能在这些岛屿上逗留了将近两个月时间，然后转而航向北美洲，在那里他绘制了努特卡水道以及加拿大西北沿岸的地图。他大概还航行到了北纬 70 度线的冰海之中，虽经数次尝试，但始终没能穿过白令海峡。他在回到三明治群岛后，于 1779 年 2 月 14 日被土著人杀死，起因是一场因小偷小摸事件引发的斗殴。寻找乐园的征途就此戛然而止。

拉佩鲁兹与马拉斯皮纳

库克是太平洋科学探索的先锋。其取得成就的基础，一方面，是他对由众多学科专家组成的探险队员实施了严格的卫生制度和饮食制度；另一方面，是他们系统地采集了一些动植物标本并送至欧洲开展后续研究，而且他们以经验实证为指导，不迷信神话传说，因此对于海洋整体的地理界线保持了比较清晰的认识。

1785 年，曾经远征加拿大和印度的老将拉佩鲁兹伯爵（comte de La Pérouse）

约瑟夫·班克斯和探险船上的博物学家们

　　虽然这一点常常不为人所知，但在 18 世纪和 19 世纪，有许多科学家参加过大规模探险任务。他们来自各个学科领域，有博物学家、天文学家、地理学家、人类学家……当然还有绘图师们，他们为一切新鲜而值得关注的事物绘制了大量图片资料。

　　1768年，詹姆斯·库克船长开始了他的三次太平洋探险中的第一次。这一次探险的目的是开展科学研究，所以舰队人员中包括了一群科学研究者。植物学家约瑟夫·班克斯就位列其中。他对南美洲、大溪地、新西兰以及澳大利亚的植物群落进行了详尽的研究。到1771年旅程结束时，在他收集的植物标本中，有110属和1300种在当时是不为人知的品种。其中有一个包括80个品种被人称为"澳大利亚之树"（忍冬）的属别，后来以班克斯的名字命名为"班克木属"。1778年，班克斯被任命为英国皇家学会主席。直到他在1820年去世之前，他一直担任这个职务。

　　插图　詹姆斯·吉尔雷（James Gillray）在1795年创作的科学漫画（藏于英国牛津大学新学院）。

让−弗朗索瓦·德·盖洛普（Jean-François de Galaup）启航前往太平洋开展他的地图测绘工作。他和库克一样，进行了环球航行，也探索了西北通道。拉佩鲁兹至少到访了加利福尼亚、阿拉斯加、朝鲜、中国、菲律宾和澳大利亚等地。

他要执行的科学任务，是进一步完善库克的地图测绘工作、开辟新的海上航路、评估皮毛及捕鲸贸易的前景，乃至建立永久的海军基地。在他的"星盘"号（L'Astrolabe）和"罗盘"号（La Boussole）舰船上，约 10% 的乘员是科学家，其中有植物学家、绘图师、地质学家和天文

《植物学湾》

1770 年 4 月 29 日，库克及其伙伴们在澳大利亚植物学湾靠岸登陆。当时，这个地区草木繁盛，班克斯和索兰德等科学家就请求船长在当地停留些许时日，以采集各种植物标本。他们在那里逗留了八天。1771 年，画家约翰·汉密尔顿·莫蒂默（John Hamilton Mortimer，1740—1779 年）用画作再现了当时的场景。画中，丹尼尔·索兰德、约瑟夫·班克斯、作家约翰·霍克斯沃思（John Hawkesworth）和三明治爵士陪伴在詹姆斯·库克左右（藏于澳大利亚堪培拉的澳大利亚国立图书馆）。

詹姆斯·库克的航行
→ 1768—1771
→ 1772—1775
→ 1176—1779
† 詹姆斯·库克身亡处

"奋斗"号
"冒险"号
"决心"号
"发现"号

日本

波斯
阿拉伯
印度
中国
暹罗
菲律宾

印度洋
巴达维亚
(雅加达) 东印度 新几内亚
爪哇 大堡礁
新荷兰 新喀里
新南威尔士 (瓦努
圣赫勒拿 植物学湾
好望角
❷ 新
南大洋

库克船长的太平洋之旅

英国船长詹姆斯·库克是探险史上的一个伟大人物。他从1768年到1779年三次远征太平洋，最后悲剧性地死在三明治群岛（今夏威夷）。当时，太平洋还是地球上一个包含了很多未知区域的地区。这位航海家通过探险发现和精确群岛测绘的地图，渐渐填补了这些空白。

插图 左图为托马斯·布洛克创作的库克船长雕像，立于伦敦莫尔步行街头。

英国人与毛利人的交易 上图是从班克斯的资料中发现的一幅画。右图是一尊18世纪的波利尼西亚小雕像（藏于英国伦敦的人类学博物馆）。

地图标注

令海峡
阿拉斯加 库克湾
努特卡湾
俄勒冈
新西班牙总督辖区
大西洋
往普利茅斯
亚速尔群岛
① 治群岛
威夷）
③
底群岛
图）
侯爵夫人群岛
（马克萨斯群岛）
大溪地
新格勒纳达总督辖区
秘鲁总督辖区
阿森松群岛
Cap Horn
南三明治群岛
南乔治亚岛

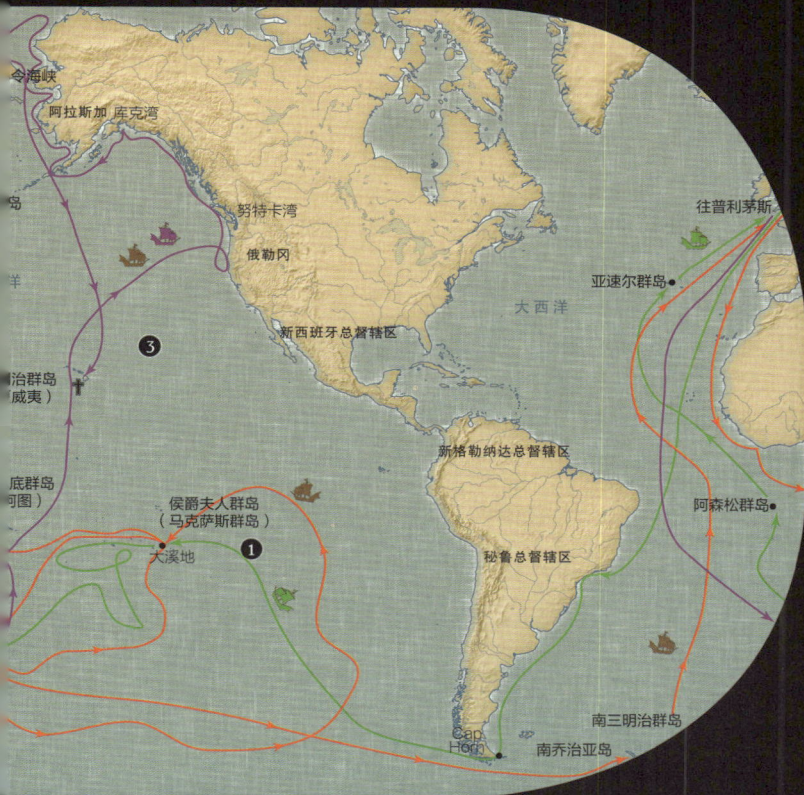

① **第一次远征**："奋斗"号
库克的目的是到大溪地去观测金星凌日。其间，他还率领"奋斗"号对新西兰和澳大利亚东海岸进行了探索和地图测绘。这次远征从1768年持续到1771年。

② **第二次远征**："决心"号
1772年，英国皇家学会要求他去寻找未知的南方大陆。于是库克指挥着"决心"号和"冒险"号一直到达了南极圈，但没有找到那块大陆。返程途中，他发现了南三明治群岛和南乔治亚岛。

③ **第三次远征**："发现"号
1776年，库克船长带领着主舰"决心"号和辅舰"发现"号再度出海，以期寻找连接大西洋和太平洋的西北通道，但未成功。1779年，他死于和土著人的一场冲突。

库克与太平洋上的土著人

和16世纪的麦哲伦一样，库克也是死在太平洋的土著人手下。在那之前，这位英国航海家与他遇见的土著人没有出过任何问题。恰恰相反，库克对不同的文化一直持有开放的心态。库克在与土著人的交往中表现出了高超的外交能力，懂得如何尽可能地避免暴力。即便在不得不使用武器时，他也总是装上铅弹，目的只是吓阻来犯之敌，而不是进行杀伤。在夏威夷时，他也是如此。其实，他在1778年第一次在这些岛屿登陆时，受到了土著居民们的热情欢迎，他们用装满食物的小舟迎接他。然而他第二次到访的结果却很不幸：等待着他的，不再是热情，而是敌意。

沿着詹姆斯·库克路线前进的拉佩鲁兹

法国也有自己的库克船长。1785 年，拉佩鲁兹伯爵启航开展太平洋探险。三年后，他消失得无影无踪。

詹姆斯·库克的航行在当时的欧洲，包括在与英国敌对的法国，都产生了巨大的影响。路易十六令人把这位航海家的书籍译成法文。法兰西王国也渴望拥有一位自己的库克船长，而这个责任就落到了拉佩鲁兹伯爵让–弗朗索瓦·德·盖洛普的肩上。他在美国独立战争期间横渡大洋的经历，使他得以领衔组织远征队，沿着库克最后一次太平洋之旅的路线前进。他的舰队于1785年起锚，在对太平洋、澳大利亚的复活节岛以及勘察加半岛等地进行了两年多的探险后，于1788年遭遇海难沉没。

插图 右图为加斯帕·杜歇·德·万西（Gaspard Duché de Vancy）于1788年创作的《拉佩鲁兹的旅行图》（*Atlas du voyage de La Pérouse*），画的是拉佩鲁兹在复活节岛上（私人收藏）；下图为这位航海家使用的用于地形计算的马丁测量仪（私人收藏）。

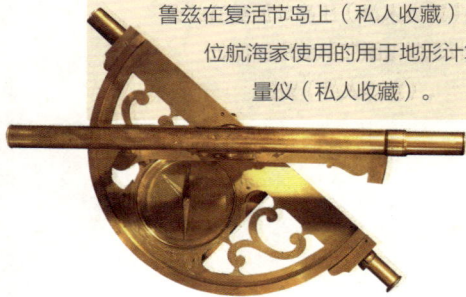

学家。还有两位教士也为此次科学考察事业做出了贡献。拉佩鲁兹探险的终章是到访植物学湾（今悉尼），在那里他受到了英国人既殷勤又嫉妒的接待。按照他从那里寄出的一封信中的说法，这位航海家当时计划在 1789 年 6 月回到法国。但不久之后，拉佩鲁兹就消失得无影无踪了。而率领两艘战舰出发前去寻找拉佩鲁兹踪迹的布鲁尼·德昂特尔卡斯多（Bruni d'Entrecasteaux）始终没能找到他，自己反而在

❶ **火山岛** 1786年4月9日，拉佩鲁兹登陆复活节岛。这座岛屿得名于荷兰人雅可布·罗赫芬发现它的1722年复活节的那个星期天。

❷ **拉佩鲁兹** 虽然库克在航海日志中说复活节岛没有任何探索的意义，但拉佩鲁兹还是对其进行了地图测绘，并描绘了岛内的地形。

❸ **收集数据** 拉佩鲁兹的远征队包括了一些地理学家、天文学家和博物学家，他们对所到之处进行了细致的观察。

❹ **摩艾石像** 复活节岛的这一批来访者对这些巨型的石像感到惊艳。这些石像是过去的拉帕努伊人建造的，大部分已经倒塌。

❺ **远征队中的绘图师** 这支远征队里有两位绘图师，一位名叫普雷沃（Prévost），还有一位就是这幅画的作者、远征队的官方绘图师加斯帕·杜歇·德·万西。

❻ **岛上的气候** 远征队的科学团队中包括了气象学家罗贝尔·德·拉曼侬（Robert de Lamanon）。他和拉佩鲁兹关系不好。他于1787年死在了萨摩亚。

❼ **当地居民** 18世纪到访复活节岛的人们都惊讶于当地居民的贫困。建造摩艾石像的拉帕努伊文化早已逝去。

1793年死在了距离汤加群岛不远的地方。他的船队成员们在支持保皇还是支持革命的问题上发生了分歧和内斗，最终全部患上坏血病和痢疾而丧命。

库克和拉佩鲁兹的旅行迫使西班牙不得不作出回应。于是，从1789年到1794年，在原籍意大利的舰长亚历山德罗·马拉斯皮纳（Alessandro Malaspina）的带领下，西班牙王室支持的一次重要的科学考察探险开展了起来。这次探险的目的，是搜

马拉斯皮纳远征太平洋

亚历山德罗·马拉斯皮纳的航行（1789—1794年）
- 起航阶段
- 沿美洲海岸航行
- 往返菲律宾
- 返回西班牙

蒙特雷 采集地图测绘信息

中国
澳门
圣贝纳迪诺海峡
盗贼岛（马里亚纳群岛）
吕宋岛
关岛
马尼拉湾
菲律宾
马尼拉
棉兰老岛
米沙鄢群岛

新赫布里底群岛
汤加
瓦努阿图

新南威尔士

杰克逊港
悉尼

新西兰
达斯奇湾

　　殖民地遍布美洲和亚洲的西班牙终于与英国和法国联手展开对太平洋的探险。其中最重要的一次是由亚历山德罗·马拉斯皮纳指挥的，持续进行了五年。

　　曾经拥有过麦哲伦和埃尔卡诺的西班牙是世界上最早实现环球航行的国家。但它对政治和贸易的兴趣大过对科学的兴趣。而马拉斯皮纳的远征则相反，是以人种学、博物学和地球学研究为主要目的的。他率领的"探索"号和"勇气"号于1789年7月30日离开加的斯港，直到1794年9月21日才回来。它们探索了从火地岛直到阿拉斯加的美洲西海岸、菲律宾以及大洋洲的一些群岛，但没能实现环球航行。而马拉斯皮纳也没能享受到远征成功的待遇。他于1795年被查理四世的大臣曼努埃尔·戈多伊指控谋反而遭到监禁，并最终被流放到意大利。

插图　《马拉斯皮纳肖像画》，作者佚名（藏于西班牙马德里的海军博物馆）。

集有关西班牙殖民地的各个方面的知识，尤其是开展政治问题的研究，因为那对于西班牙王室来说至关重要。探险队对任务进行了明确的分工。一组成员致力于博物学和地理学研究，还有一部分成员负责对美洲及菲律宾的政治状况进行秘密研究。探险队于1789年7月30日出发，而出发前的预备工作进行得极其高效，堪称典范。预备工作包括：接收来自伦敦、巴黎以及加的斯科学天文台的科学器材；在为此次探险专门建造的舰船上装备了天文、航海、物理、化学、气象以及大地测量等学科领域的专业设备，配备了一个出色的图书馆和一间实验室。此

外，在预备阶段，专程向安东尼奥·德·乌洛亚（Antonio de Ulloa）、何塞·德·马扎雷多（José de Mazarredo）、英国的约瑟夫·班克斯（Joseph Banks）以及法国的杰罗姆·德·拉朗德（Jérôme de Lalande）等重要的科学界人士求教。与此同时，还从不同国家招募了一些当时最为优秀的航海家和科学家，他们是：胡安·古铁雷斯·德·拉·孔查（Juan Gutiérrez de la Concha）、胡安·韦尔纳奇（Juan Vernacci）、卡耶塔诺·瓦尔德斯（Cayetano Valdés）、天文学家迪奥尼西奥·阿尔卡拉·加里亚诺（Dionisio Alcalá Galiano）、地

西部探险

1804 年,梅里韦瑟·刘易斯（Meriwether Lewis, 1774—1809 年）和威廉·克拉克（William Clark, 1770—1838 年）从圣路易出发，沿密苏里河航行，探索北美西部。为了能在这广袤的土地上加快行进速度，他们像皮毛商人那样沿着一些大河的水流前进。美国弗吉尼亚州的夏洛茨维尔市竖立着一座纪念他们的雕像，表现的是这两位探险家以及一路陪伴他们的萨卡加维亚（Sacagawea）。萨卡加维亚是来自肖肖尼部落的一位印第安女性，在这场开拓性征程中充当了他们的向导。

传教与归化：另一套殖民系统

从 16 世纪开始，耶稣会会士就在瓜拉尼人的土地上实施传播福音的计划。

1549年，耶稣会的第一批传教士到达美洲。他们在那里目睹了殖民者们是何等粗暴对待印第安人的。另外，他们认识到，要实现好自己的使命，唯一的办法就是在这些热带地区扎下根来，在那里创建基督教的新乌托邦。成立于1604年的巴拉圭耶稣会省的丛林地带是一个理想的地区。他们在那里建立了自己的传教归化区，印第安人可以相对自由地生活于其中。这些传教归化定居区都是按照同样的规划建设的：中心是一个广场，旁边最高的建筑是教堂和学校。学校里，不仅教授基督的信仰，还教授卡斯蒂利亚语和瓜拉尼语，甚至教授音乐。除此之外，还有各种作坊、商店和住房。很快，这些传教归化区就不得不面临旗匪和印第安人之间的冲突。许多归化区遭到摧毁；1767年，查理三世下令把耶稣会会士从这些土地上驱逐出去，对耶稣会来说不啻致命的一击。

插图 上图为圣伊格纳西奥米尼遗址，位于阿根廷的米西奥内斯省；左图为圣方济各会教士朱尼佩罗·塞拉（Junípero Serra），他在耶稣会会士被驱逐后，接手了他们在加利福尼亚的一些传教任务。

图测绘学家何塞·埃斯皮诺萨（José Espinosa）和费利佩·鲍扎（Felipe Bauzá）、博物学家安东尼奥·潘达（Antonio Pineda）、路易斯·内（Luis Née）以及塔达斯·汉克（Tadeáš Haenke）、解剖师兼制图师何塞·吉奥（José Guío）以及绘画师何塞·德尔·波佐（José del Pozo）和费尔南多·布朗比拉（Fernando Brambila）。为了此次探险，建造了两艘舰船"探索"号（Descubierta）和"勇气"号（Atrevida），舰组成员共计208人，由所招募的志愿者组成。

1789年9月20日，舰队到达美洲大陆，在蒙得维的亚（Montevideo）靠港。在考察了拉普拉塔河入海口并

内格罗河

内格罗河是亚马孙河流量最大的支流。它在奔流2250公里之后，在马瑙斯市从左岸注入亚马孙河的主河。在潘塔纳尔湿地（见照片），枯水期会浮现出成千上万座岛屿和许多可通航的河渠。内格罗河的大部分河段，甚至包括那些水位较浅的河段，都是可以通航的。这使它在探索南美洲的时代成为深入亚马孙地区的理想通道。

沿路经过了萨克拉门托（Sacramento）、马尔多纳多（Maldonado）以及布宜诺斯艾利斯之后，探险队成员完成了一些天文学和大地测量学的研究。接着他们向巴塔哥尼亚的德塞阿多港（Puerto Deseado）进发，然后继续前往马尔维纳斯群岛、合恩角、智利的康塞普西翁（Concepción）以及圣地亚哥。在这个过程中，他们着手对美洲大陆的西海岸进行了系统研究，绘制了包括智利、秘鲁、厄瓜多尔、巴拿马、尼加拉瓜、墨西哥直到阿拉斯加北纬60°的海岸线地图。在这次科考探险中，他们收集到了一些珍贵的人种学和图像学信息，还和其他探险队一样对西北通道进行了寻找。然后，两艘舰船重新南下至阿卡普尔科，从那里出发进行了一场持续一年半的横渡太平洋之旅，途中经停了关岛、菲律宾、新西兰、澳大利亚东海岸（悉尼）以及瓦瓦乌（Vava'u）群岛。1793年，探险队回到了秘鲁的卡亚俄，随后便拆分成了两个小组。一部分地图测绘学家和博物学家经陆路穿越安第斯山脉，而其他人原路返回经合恩角进入大西洋。待到所有的探险队成员在蒙得维的亚重新会师后，便启程返航伊比利亚半岛。1794年9月21日，他们带着大量的科学材料和一路积累的极其丰富的经历回到了加的斯。然而，在那五年间，西班牙国内已经发生了很大的变化。而马拉斯皮纳后来被世人记住的，并不是他的这次探索发现，而是他多舛的命运：他卷入了一场荒唐的宫廷阴谋，最终只能蜷缩在监狱中苦度漫长的余生。

勘定边界

18世纪，经常采用竖立界碑等"不朽"标志物的方式来标定国家之间的界线。负责这项工作的专员也经常借此便利来绘制一些偏僻地区或边界地区的地图，甚至兴建城市和村庄。其中有一些专员后来变得颇有名望，比如朱尼佩罗·塞拉（Junípero Serra）神父，他在加利福尼亚建立了许多传教区。他一开始只是地区长官加斯帕·德·波托拉（Gaspar de Portolà）上尉的随从。后者受新西班牙总监察长何塞·德·加尔维斯（José de Galvez）之命勘定"加利福尼亚的边界"。1769年，塞拉建立了圣迭戈·德·阿尔卡拉（San Diego de Alcalá）传教区，翌年又建立了圣卡洛斯·博罗美奥（San Carlos Borroméo）传教区。他认为，除了劝导印第安人信教以外，向他们教授种植、畜牧及其他生产技术也是传教士的职责所在。在他所到之处，渐渐形成了一些城市，比如旧金山（San Francisco）、洛杉矶（Los Angeles）、蒙特雷（Monterey）和圣迭戈（San Diego）。

美利坚合众国于 1804 年从拿破仑治下的法国买下了距离那里不远的路易斯安那。随后，刘易斯（Lewis）和克拉克（Clark）以勘定路易斯安那边界的名义对那里进行了勘探。在土著盟友的帮助下，他们沿密苏里河向西，穿过落基山脉，于 1805 年底成功抵达太平洋海岸。不过，等到白人永久占据这些牧场和山林，那已经是很久以后的事了……

1772 年 4 月，圣多明哥都督何塞·索拉诺（José Solano）受命和法国人展开谈判，以期在确定该岛西部边界的问题上达成最终的协定。五年之后，双方签订《阿兰胡埃斯条约》，规定以北部的大雅邦河及南部的佩德纳雷斯河为界。勘定边界事项关系到所有的殖民属地。所以，为了实施《马德里条约》（1750 年）和准备《圣伊尔德丰索条约》（1777 年），西班牙和葡萄牙联合进行了两轮大规模勘探。在第一轮大勘探中，争议的分界线从苏里南沿巴西边界一直延续到乌拉圭内部。边境范围太大，所以必须组建两支大的勘探队，一支负责勘探从圭亚那山脉直到豪鲁河河口的范围，而另一支负责勘探从豪鲁河河口到大卡斯蒂略群岛（Castillo Grande）的范围。每支大勘探队又分成数个"小队"，每个"小队"都由相同数量的西班牙人和葡萄牙人组成。第一支大勘探队名为"奥里诺科勘探队"，由何塞·德·伊图里亚加（José de Iturriaga）上尉指挥，于 1754 年 4 月到达了委内瑞拉东部的库马纳（Cumaná）。那是双方选定的通往大陆内地的起点。而葡萄牙的勘界专员们在庞巴尔（Pombal）侯爵的兄弟弗朗西斯科·泽维尔·德·门多萨·富尔塔多（Francisco Xavier de Mendonça Furtado）的率领下，在内陆等待着勘探队的到来。他们等了整整五年，在那期间，他们对所在地区进行了殖民和探索。1755 年，西班牙人到达了圭亚那的圣多美（Santo Tomé），但一直等到次年 2 月才得以穿过阿图雷斯（Atures）和迈普雷斯（Maipures）的危险急流。他们还不得不向总督和西班牙求助。直到 1761 年撤退之前，他们一直在快马加鞭地开展勘探活动。值得一提的是，他们还对奥里

文学、考古与浪漫的旅行

18 世纪不只是有对大洋彼岸的大规模探险。欧洲人也对欧洲自身进行了重新审视和发现，尤其是意大利成了上流社会朝圣之旅的目的地。

在百科全书精神的影响下，欧洲人被激发起了对古代岁月和文化的兴趣。就是从这个时代起，从赫库兰尼姆和庞贝开始，出现了符合科学标准的考古发掘。与此同时，在欧洲，特别是在英国和德国上流社会的年轻人中，兴起了朝圣之旅的潮流。朝圣之旅指的是以意大利及其古代和文艺复兴时代的艺术杰作作为目标的学习之旅。这种旅行交织着欣赏美丽风光的喜悦之情和崇尚古代经典的怀古之情，堪称后世浪漫旅行的发端。朝圣之旅的目的地不只是意大利，还包括西班牙和希腊。俄国沙皇保罗一世和皇后玛丽的朝圣之旅总共进行了一年多时间。画家亚伯拉罕·杜克罗斯（Abraham Ducros）的这幅画画的就是他们造访罗马广场的情景（藏于俄罗斯莫斯科的克里姆林宫）。

诺科上游以及内格罗河进行了勘探，西班牙和葡萄牙分别在亚马孙河两侧的殖民点进行了加固，其中大部分至今依然存在。

西班牙人把勘探南方边界的任务交给了秘鲁的瓦尔德里里奥斯（Valdelirios）侯爵加斯帕尔·德·芒尼夫（Gaspar de Munive）。而葡萄牙方面的第一专员是戈麦斯·弗赖尔·德·安德拉德（Gomez Freyre de Andrade）。他们于1751 年 11 月从加的斯启程。在第二年年底，西班牙和葡萄牙的勘探专员们集合完毕，第一支

小队就开始工作了。不过，两个月后，他们的工作就被土著瓜拉尼人的武装抵抗打断了。因为按照《马德里条约》的规定，西班牙下令把那里居住着30000人的著名的耶稣会传教区移交给葡萄牙，所以瓜拉尼人起来反抗了。土著人以及支持他们的耶稣会会士们在取得几次小胜后，于1756年2月在凯巴特（Caibaté）战役中被击溃。三个月后，西葡联合勘探队终于占领了这些传教区，继续进行勘界工作，包括对伊比库伊（Ibicuy）的地形进行调查，对佩皮里河、伊瓜苏河、巴拉圭河以及巴拉那河等河流展开勘察。

与耶稣会会士及瓜拉尼人爆发流血冲突，导致勘探队内部动荡，这成了此次勘界活动最后一阶段的特点。1761 年，边界勘探队撤回西班牙。同年，西葡双方签署了《埃尔帕多取消条约》，终结了双方于 1750 年签订的外交协定。这一条约的签署，使一切回到了原先的状态。接下来的几年间，西班牙和葡萄牙不断爆发边界冲突，所以双方努力接触，希望通过 1777 年的《圣伊尔德丰索条约》来解决问题。

蚊虫肆虐

虽然《圣伊尔德丰索条约》（1777 年）名义上只是一份临时协定，但它实际上成为西葡双方关于两国殖民地划界的最终协定。这一次，主要的勘界专员，西班牙方面是何塞·瓦雷拉·乌洛亚（Jose Varela Ulloa），葡萄牙方面是塞巴斯蒂安·哈维尔·达·维加（Sebastião Xavier da Vega）。1781 年底，除了已经身在美洲的人以外，所有的勘界专员都从里斯本启程，并于次年 2 月出发前往里约热内卢。整整一年后，他们到达了该总督辖区的新首府布宜诺斯艾利斯，在那里他们接收了专门为此次勘界而在伦敦定制的科学设备。

1783 年 12 月，两支小队去了蒙得维的亚，而第三支和第四支则前往巴拉圭的亚松森。西班牙勘界专员瓦雷拉（Varela）和阿尔维阿尔（Alvear）的任务是一起勘探从海岸到内格罗河源头一线，他们于 1784 年 2 月和葡萄牙人汇合。双方之间立即产生了分歧和争执，但他们还是出色地完成了天文研究和地图测绘工作；前几支小队都在双方融洽相处的氛围中完成了工作。每年冬天，他们的科学探索活动都会因为洪水和疾病中断。勘界专员、军事工程师费利克斯·德·阿萨拉（Félix de Azara）曾经在他写的一封著名的信件中说，有一天晚上他被蚊虫叮咬得无法入睡，只好把全身都浸泡到水里才得以睡着。

1801 年 6 月，在意识到勘界工作继续进行下去也没有什么意义之后，西班牙下令勘界队回国。其他几支队伍也遭到了相似的命运。在南美洲大陆北部，马拉尼翁河（亚马孙河）委员会也同时采取了行动。该委员会由军事工程师弗朗西斯科·德·雷奎纳（Fransisco de Requena）、上尉费利佩·德·阿雷丘亚（Felipe de Arechua）、一位教士、一位外科医生以及一位秘书组成，于 1780 年 1 月从基多启航，两个月后抵达了地处亚马孙核心位置的塔马廷加（Tabatinga）。在那里，雷奎纳和他的伙伴们就开始遭遇一系列麻烦。葡萄牙人对条约实施的程序提出了异议，要求西班牙先把内格罗河上的圣卡洛斯（San Carlos）、圣费利佩（San Felipe）以及圣奥古斯丁（San Augustin）等要塞移交给他们，被西班牙人拒绝了。于是大家就滞留在特菲（Tefé），到了 1782 年 2 月才开始勘探贾普拉河。雷奎纳虽然生病了，而且他身边没有天文学家，又缺乏给养和船只，但他还是参加了对阿帕波里斯河口以及恩加诺斯河的勘定。不过，在葡萄牙人的敌意和愤怒面前，他最终还是泄气了。四年后，1791 年 12 月，雷奎纳决定回到梅纳斯（Maynas）的首府。到了 1804 年，这个勘界委员会最终彻底解散了。

与上述勘探活动形成最为鲜明对比的，是博物学家亚历山大·罗德里格斯·费雷拉（Alexandre Rodrigues Ferreira）那次完美的"哲学之旅"。他从 1783 年到 1792 年在这个地区探险，采集了许多植物、动物和矿物的标本。他是作为勘界专员兼都督若昂·佩雷拉·卡尔达斯（João Pereira Caldas）的随从进行此次探险的。1780 年，若昂·佩雷拉·卡尔达斯一到达巴塞洛斯（位于亚马孙核心地带，内格罗河岸），就启动了勘界工作，同时下令为自己率领的 500 个人员兴建住所和办公所。而他的继任者狄奥多西奥·君士坦丁诺·德·切尔蒙（Teodósio Constantino de Chermont）所要做的，不过是沿着他开辟的道路继续前进。而罗德里格斯·费雷拉从那里获取的热带财富就成箱成箱地运往了里斯本。

面对着拿破仑对伊比利亚半岛的入侵，事实上受英国军事保护的葡萄牙就把罗德里格斯·费雷拉在此次勘探中测绘的地图移交给了英国的天文学家和地图测绘师。而后者迫不及待地将它们付梓。法国人艾蒂安·乔弗鲁瓦·圣伊莱尔（Etienne Geoffroy Saint-Hilaire）洗劫了里斯本阿茹达宫馆藏的关于巴西的大量珍宝。罗德里格斯·费雷拉的藏品就与其他收藏家的藏品混在了一起，不加区分地交给了当时藏品数量已然高居世界前列的巴黎国立自然历史博物馆收藏。

美洲考古的浪漫象征

浪漫主义的兴起重新激起了人们对哥伦布到达之前的美洲古迹的兴趣。玛雅古城帕伦克的古代遗址成为这块大陆的标志，它们象征着美洲曾经发展出属于自己的、丝毫不输于欧洲的文化。

在西班牙征服美洲的时期，尽管有一些宗教人士致力于保护美洲文明史，但直到19世纪，美洲的文明史才真正引起了考古学家们的关注。这不仅是因为它们本来就颇具价值，还因为美洲在寻求摆脱西班牙王室统治的解放运动中，需要捍卫所谓的美洲自己的身份。所以帕伦克玛雅遗址的发现对于复兴历史具有尤为重要的意义。这片遗址是在18世纪发现的，但最终重新塑造了美洲形象的相关研究则是在19世纪进行的。美洲形象的重塑，要归功于多位人士。一个要归功于探险家胡安·加林多（Juan Galindo），他于1831年来到了帕伦克，是第一个提出这片遗址属于当地文化而非外来文化的人。另外，要归功于英国绘图师弗雷德里克·凯瑟伍德（Frederick Catherwood）和美国作家约翰·劳埃德·斯蒂芬斯（John Lloyd Stephens），他们于1835年参观了这片遗址，并于六年后出版了《玛雅国度旅行记》（Aventures de voyage en pays maya）一书。

插图 右图为凯瑟伍德画的帕伦克铭文庙（藏于美国芝加哥的纽伯里图书馆）；左图为在遗址中考古发掘出的玉质玛雅亡灵面具（藏于墨西哥国立人类学博物馆）。

《植物分布图》（第208—209页）

这幅图出色地描绘了厄瓜多尔的钦博拉索火山上的植物群落，也反映了洪堡对纷繁的数据信息进行收集、整理和分类的科学精神（藏于英国伦敦的皇家地理学会）。

朝圣之旅

在18世纪，欧洲人对于考古学日渐高涨的兴趣无疑是催生欧洲浪漫主义的一个诱因。这种兴趣发端于对古代经典的热爱。人们把欧洲贵族航海前往古希腊古罗马经典胜地，尤其是前往罗马与佛罗伦萨的旅行，叫作"朝圣之旅"。这样的怀古之旅对于当时所有的旅行者来说都是一场寻根的仪式：凝望着那些岁月洗礼的废墟和古迹、注视着那些精美绝伦的雕塑和绘画，所有现代欧洲人心中都会油然而生对古代欧洲人的崇敬之情。当时有好几条这样的旅行路线，但英

国人最为推崇的怀古旅行路线是以多佛港（Douvres）为起点的。英国的贵族们从那里乘船前往法国的加莱（Calais）。第一次接触到这充满异域风情的欧洲大陆时，英国人惊喜地发现那里居民们的习俗与自己的不同，有人在下船的时候就发出了这样的惊叹："外国人真的和我们太不一样了。"一般来说，他们都会乘坐专为他们准备的马车前往巴黎。他们在巴黎出入各种沙龙，参加一些学习舞蹈、马术、击剑、语言和礼仪的课程。接下来，他们前往日内瓦以及瑞士的一些乡镇，再通过艰难的山道穿过阿尔卑斯山，在到达意大利北部

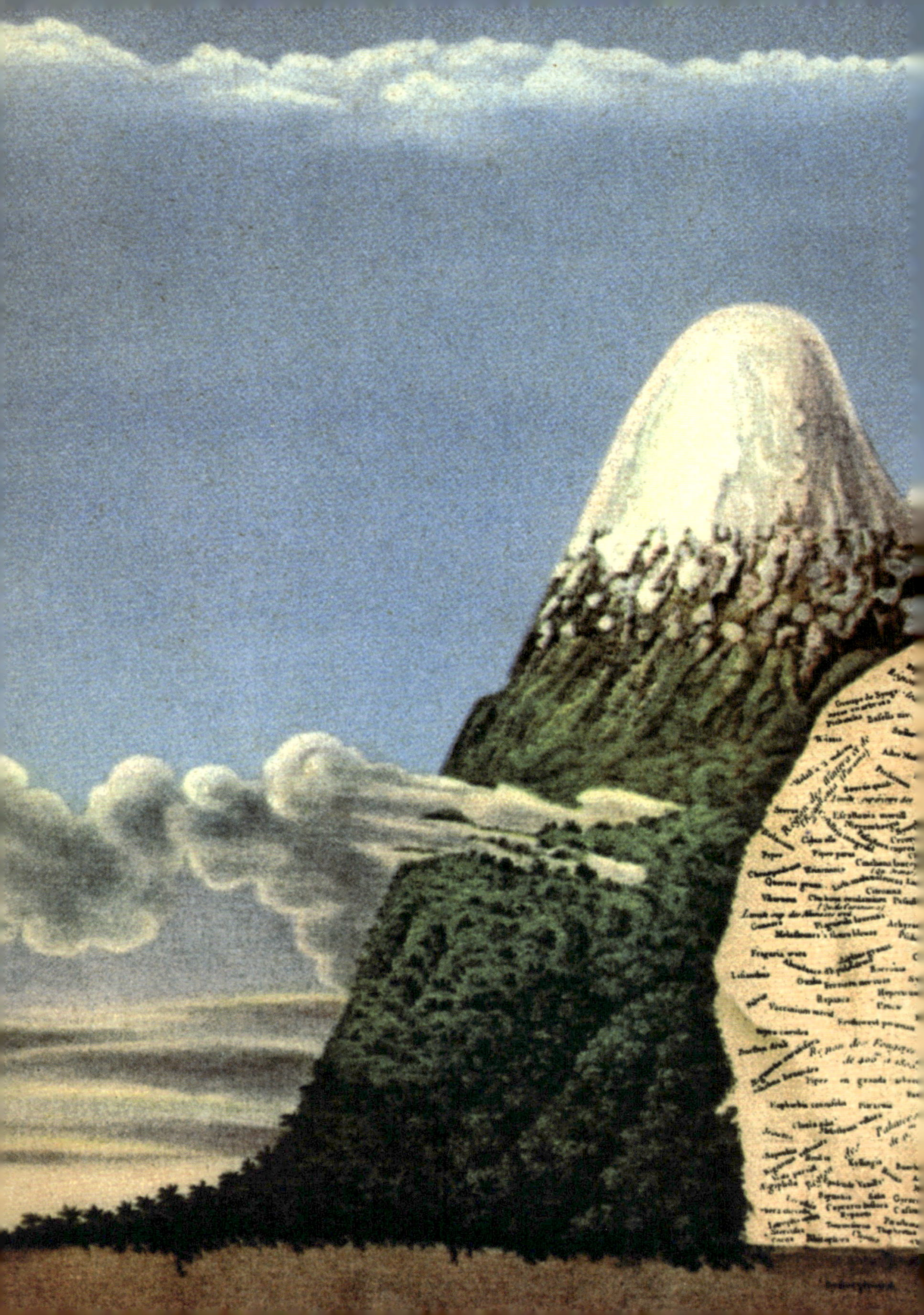

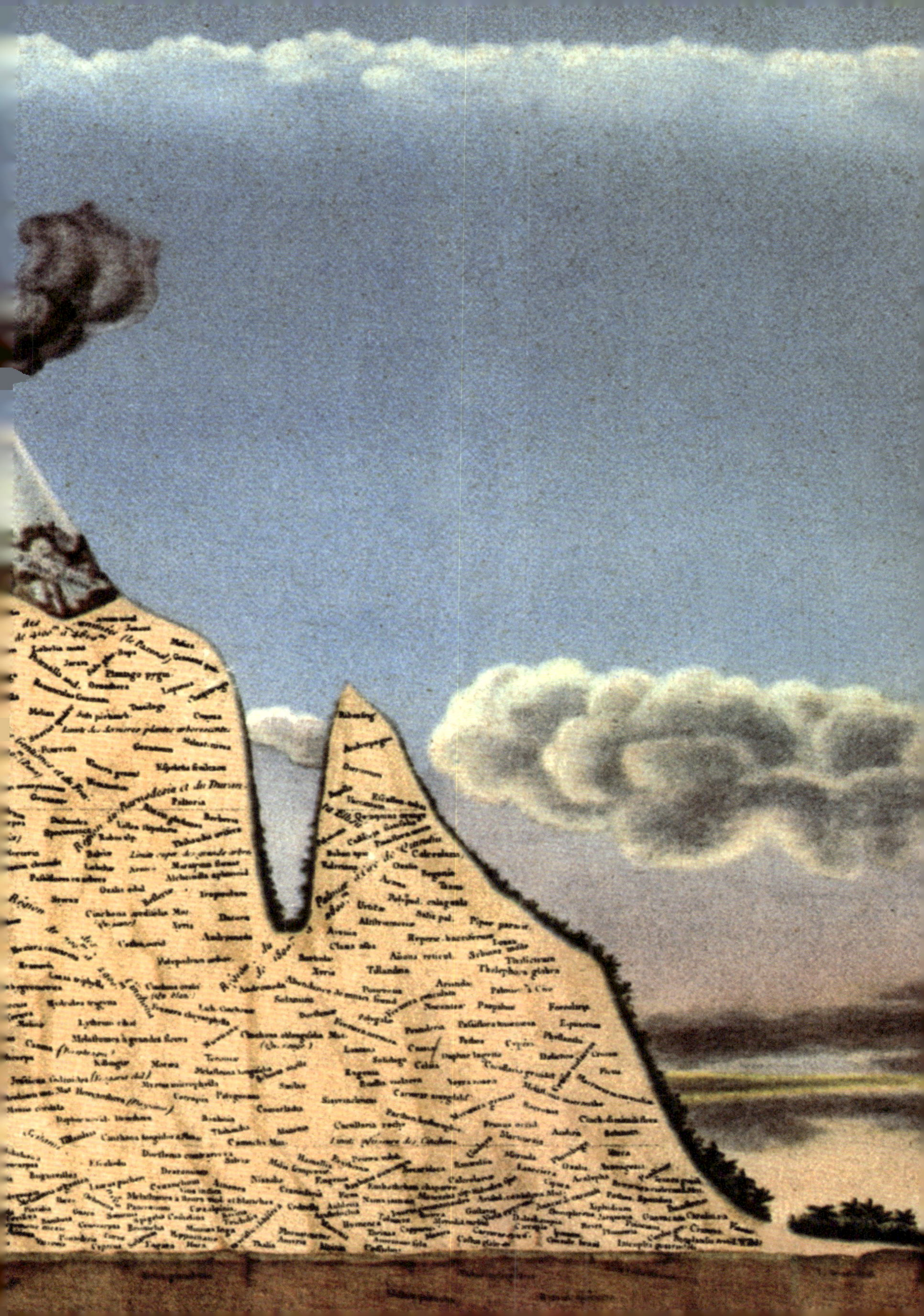

后便奔向佛罗伦萨、比萨、博洛尼亚以及威尼斯等古城进行参观。在充分欣赏了那些城市壮美的古代建筑和艺术作品之后，他们便去往罗马，瞻仰古罗马帝国遗留下来的废墟。而在 1713 年埃尔伯夫亲王第一次发现赫库兰尼姆（Herculanum）遗址之后，以及壮丽的庞贝古城被发现后，接着前往那不勒斯城游览便成了绝不可错过的选项。庞贝古城是在那不勒斯的查理七世（Charles Ⅶ）——后来成为西班牙的查理三世（Charles Ⅲ）——执政时，军事工程师罗克·华金·德·阿尔库比耶尔（Roque Joaquín de Alcubierre）在指挥进行一次系统挖掘工程时发现的。从 1738 年开始，这片挖掘工地就转变成了对庞贝遗址进行系统考古研究的场所。很久以后，温克尔曼（J. J. Winckelmann）曾经满心嫉妒地挖苦阿尔库比耶尔："如果说他也能算古代研究专家，那简直是在说月亮上爬满了螃蟹。"一般来说，这段行程的最后一站是参观维苏威火山。之后，这些英国的贵族就踏上了漫长的返程。他们穿过奥地利和德国南部，中途顺带游览因斯布鲁克、维也纳、柏林以及波茨坦的普鲁士王宫。然后，在参观了阿姆斯特丹之后，他们便渡过芒什海峡（英吉利海峡）回到大不列颠，结束这场对于许多人来说一生中的唯一一次旅行经历。

帕伦克的玛雅人

参观古城庞贝和赫库兰尼姆，对于欧洲人来说，是有教育意义的。因为目睹这些遗址会引发观者的思考，会令观者联想到：这些文化之所以没落，必有道德层面的原因，或因为他们不遵守公共规则，或因为他们受到了天谴神罚。断壁残垣仿佛翻开的书本，又似未解之谜团，令人们的思绪在历史和宗教之间彷徨。而这种对考古的热情也从欧洲漫溢出来，成了一种全球流行的时尚。从 1736 年开始在美洲赤道地区测定经度的一支西班牙和法国联合探险队就已经表现出对古代印加人的兴趣。1735 年左右，帕伦克的玛雅遗迹被发现，堪称新西班牙地区的庞贝和赫库兰尼姆。在那一年，学者安东尼奥·德·索利斯（Antonio de Solís）出任塔姆巴拉（Tumbalá）教区本堂神父，他在寻找可开垦的土地时，来到一处被他叫作"石头房子"的地方。那实际上是一组保持状态良好的建筑。多年后，索利斯的一位亲戚把这件事透露给了拉蒙·德·奥多涅兹·伊·阿吉拉尔（Ramon de Ordonez y Aguilar）。后者遂决定报请恰帕斯皇城（Ciudad Real de Chiapas）警察总监埃斯特班·古铁雷斯·德·拉·托尔（Esteban Gutiérrez de la Torre）于1773年到现场参观。到达现场后，他们"抽掉了一个屋顶上的一大块石板，并用锄镐挖出一个洞口，许多人从洞口跳进去，发现里面是一个长60节而宽度不规则的厅"。之后，"从来无所畏惧的他（总监）突然心生恐惧。因为他在用手杖敲击地板时，发觉下面都是空的，所以他担心一旦发生坍塌，根本无法逃脱"。

关于帕伦克的这些消息于1784年传到了危地马拉都督何塞·德·埃斯塔切里亚（José de Estacherria）的耳中。于是他命令帕伦克地方长官何塞·安东尼奥·卡尔德隆（José Antonio Caldéron）"为了国家的荣誉"去进行视察。卡尔德隆长官在许多土著人及混血人的陪同下，在那座玛雅城里发现了一座"周围应该环绕着许多房子的"宫殿以及另外18座主要建筑物。他据此推断这个地方曾经住着"王室和荣华富贵的权臣"，而其周围，"从不断发掘出土大量房屋地基、锅灶和砖头来看，应该都是平民的住房"。卡尔德隆提交的图纸和报告令埃斯塔切里亚确信这是一个极其重要的遗址。于是他命令建筑师安东尼奥·贝纳斯科尼（Antonio Bernasconi）去进行仔细的鉴定，明确指示其对"废墟的年代、其建筑毁坏以及居民消失的原因"乃至那里古人的衣食住行和石刻碑铭开展研究。半年后，也就是在1785年6月，贝纳斯科尼提交了调查结论，同时附有一幅以宫殿为中心的全域地图、几张分区地图以及一些包括宫殿壁柱雕刻图案及纹饰的雕刻细节图。同样，他也提出了他的见解："在这片古人生活区域周边的山区，看不到任何发生过火山爆发的痕迹，也看不到暴力破坏的痕迹；看起来，这里就是被其居民遗弃了，而其居民很可能是印第安人。"

虽然一提及火山破坏的可能，不免令人联想到维苏威火山造成的灾难，但贝纳斯科尼认定这些遗迹是古代印第安人留下的，这一点无疑具有重要意义。不久之后，安东尼奥·德尔·里约（Antonio del Río）上尉受命来到帕伦克，他接到的指示是"对每一间房屋、每一个楼层进行彻底的清查"。正如在那不勒斯附近发生过的情况一样，对古代遗物的兴趣演变成了一场考古活动。在对场地进行清理之后，德尔·里约确定了那里的主要建筑，包括宫殿及一些庙宇。在某些建筑遗址还发现了一些特殊的铭刻，"厚厚的桌沿上刻着一些在他们的语言中一定有着具体含义的文字或符号"。1788 年，埃斯塔切里亚把两个笔记本和四箱材料运送到西班牙。1822 年，以这些材料为基础，伦敦出版了一本有关安东尼奥·德尔·里约研究成果的著作《帕伦克附近发现的古城遗址》(*Description of the Ruins of an Ancient City discovered near Palenque*)。于是，玛雅地区成了人们在新西班牙探寻古代土著人遗址的热点地区。但这种对于遗址的热爱也波及了其他地区，尤其是墨西哥的特奥蒂瓦坎 (Teotihuacan) 以及特克斯科科 (Texcoco) 等中心地区。后来，对那些地区的考古也取得了重大发现，就是出土了"两块石头"：一块是科亚特利库埃女神 (Coatlicue) 石像，另一块是刻着阿兹特克历法的石碑。

洪堡

有人说，19 世纪实际上开始于 1793 年，因为那一年，本已被废为庶民路易·卡佩 (Louis Capet) 的原法国国王路易十六 (Louis XVI) 被推上了断头台。如果用探索和旅行这根标尺来衡量，那么真正把启蒙时代与浪漫主义时代划分开来、使地理学由简单的地域描述上升为真正的科学研究的人物，则是著名的"旅行王子"——德国人亚历山大·冯·洪堡 (Alexander von Humboldt)。洪堡 1769 年出生于柏林，自小接受严谨细致的教育。数度游历欧洲，也未能满足他的好奇心，反而激发了他的求知欲。1799 年，他来到西班牙，在那里获取了前往美洲与菲律宾的许可，以"研究地球的形成，测量地球的地层，了解组织生物体之间的一般关系"。和洪堡一起踏上此次探险之旅的伙伴是法国植物学家埃梅·邦普朗 (Aimé Bonpland)。他们于 1799 年 6 月从拉科鲁尼亚港 (La Corogne) 启程离开西班牙，直到 1804 年 8 月才回到了那里。他们的旅行充满了波折和意外（多家报纸曾经数度报道洪堡的死讯），而他为科学做出的重要贡献标志着一个新纪元已经开启。

洪堡和邦普朗对地理学的贡献

　　洪堡堪称是一位典型的科学游侠，这一方面是因为他到访了许多不同的地区，另一方面也是因为他对各个知识领域都充满了求知欲和好奇心。

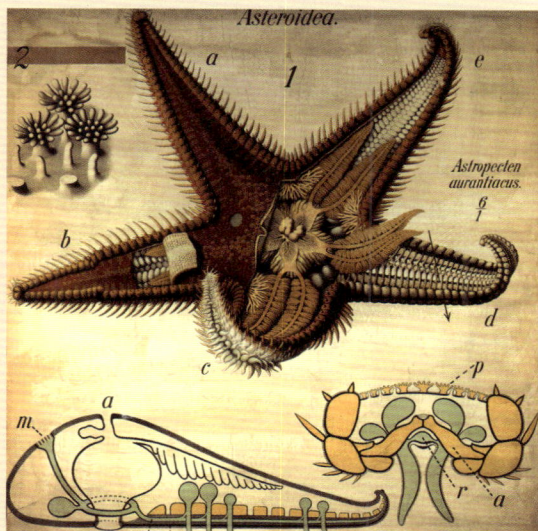

　　从知识基础和文化修养方面来说，亚历山大·冯·洪堡可谓是最后的人文主义者。他有着永不枯竭的求知欲，对从天文学到人类学、从植物学到地质学、从物理学到地理学的各个学科分支均有所涉猎。不过，最令人赞叹的，还不是他那广博的学识，而是他对于科学研究的认识。他于1799年写道："我要去采集植物和化石，要使用现有最好的工具去进行天文观测。但这些并非我旅行的首要目的。我所要努力探索的，是自然的各种力量是如何互相作用的，地理环境是如何对动物和植物发生影响的。总而言之，我必须学习自然和谐之道。"在法国植物学家埃梅·邦普朗的陪伴下，洪堡跑遍了美洲，收集了那里的气候、动物和植物的信息。他还对所到之处的社会、经济和政治环境进行了观察。后来，他的这些研究和观察都成书出版或成文发表于报刊。许多人把他视作现代地理学之父。

　　插图　上图为保罗·普福舍勒（Paul Pfurtscheller）创作的石版画，画的是一只海星；右图为1807年在巴黎出版的《洪堡和邦普朗的美洲赤道地区之旅》（*Voyage aux régions équinoxiales du Nouveau Continent de Humboldt et Bonpland*，藏于英国伦敦的自然历史博物馆）一书中的版画，画的是一株斑点野牡丹（*Melastoma punctata*）。

在经停加那利群岛后，洪堡乘坐的船只向着古巴航行。由于船上暴发斑疹伤寒，所有乘员就在委内瑞拉下了船。洪堡和邦普朗就从库马纳出发深入委内瑞拉内地，跋涉了 1500 英里，直到亚马孙流域奥里诺科河与内格罗河的交汇处。他们用 16 个月时间采集了将近 5000 种植物的样本，其中有 3000 种是欧洲植物学界所未知的。洪堡对许多问题进行了研究，比如天然橡胶的应用、电鳗的生理构造、箭毒的效果、日食以及流星雨等。在接下来的一个阶段，他去了古巴，在那里观察了奴隶制的残酷，还和一些当地的显贵、蔗糖种植庄园主结下了深厚的友谊。随后，他本来设想的是，先去美国的大湖区，沿密西西比河南下，再穿过墨西哥，前往菲律宾。但他从报纸上看到一则消息，说博丹（Baudin）船长率领的一支法国探险队即将启航前往南方海。所以他决定到利马去加入那支探险队。于是他取道新格拉纳达。他在卡塔赫纳下了船，到雄伟的安第斯山脉中对植物的地理分布以及火山现象进行了研究。登上钦博拉索峰后，他意识到自己已经来不及赶上博丹的探险队了。但他还是重新振奋精神，坚持到达了秘鲁。在那里，他对水星凌日现象进行了观察和记录，之后决定前往墨西哥。在中途逗留瓜亚基尔期间，他实现了对南美洲西海岸寒冷的大洋流的观测，后来，那道洋流就被称作"洪堡寒流"。

和前一阶段相比，这一次洪堡在墨西哥并没有进行频繁的旅行。他的兴趣主要在那里的采矿村、火山以及港口。不过，因为他享有查询档案资料以及出入图书馆的特权，他得以完成了一次全面的社会经济研究。1804 年，他放弃了向西继续环球航行的计划，而是选择返回欧洲。他用来解释他放弃原计划的理由是："我们的仪器设备状态堪忧，而且无法更换；而且我们也不可能赶上博丹船长的行程，也没有船能把我们带往南太平洋那些奇妙的岛屿；不过，更重要的是，我们急切地想要了解日新月异的欧洲科学在我们离开期间发展到了什么样的程度。"

洪堡不可能用更直白的方式来表达他当时想要从探索者转变为专家、从求知者晋升为科学家的愿望了。他在古巴短暂逗留了一段时间，还到美国拜访了杰弗逊总统，1804 年 8 月回到了欧洲。他决定在巴黎定居下来，他在巴黎一直生活到了

1827 年。然后他回到了柏林，最后于 1859 年在柏林去世。1829 年他还去俄国做了一些旅行。不过，奠定他不朽地位的是他耗时 25 年撰写、从 1845 年至 1862 年分卷出版的巨著《宇宙：用物理学描述世界的尝试》（ *Cosmos : Essai d'une description physique du monde* ）。在书中，他洋洋洒洒地宣扬了一种通过旅行去探索万事万物根源以及其中微妙联系的实用主义观念。说到底，其实洪堡自己就是一个幸运而聪明的旅行者，总是能够赶在正确的时间出现在正确的地点。

洪堡和邦普朗

他们的合作始于 1798 年。他们用五年时间探索了美洲各地，随后出版和发表了他们的研究成果。邦普朗没有像洪堡那样享受到科学界的承认。失望之下，他于 1816 年再度去往美洲，当了自然历史学教授，于 1858 年在阿根廷去世。上图画的是两位科学家在前往卡西奎尔运河的路上，他们全程考察了那条运河。布面油画，由爱德华·安德（Eduard Ender）创作（藏于德国柏林的科学院）。

人们之所以对洪堡的人生和作品感兴趣，也是出于从洪堡身上感受到的一种浪漫。这种浪漫指的是洪堡是自己人生的创造者，是一个有能力书写自己的人生传奇的人。其实除了旅行和探险，他也花费了很多工夫来进行研究、写作和办公室工作。他是一位学者，既是君主制国家王公贵族的朋友，也是共和制国家总统的顾问；既是自由主义者，也是奴隶制的反对者；既是冒险家，也是研究者……诸多身份角色在他的人生历程中达到了和谐的平衡。

在洪堡生活的时代，大西洋两岸发生了许多革命。但如果就此把他定义为一个与旧时代决裂的人物、一个被伊比利亚半岛殖民的南美洲独立运动的伟大支持者，无疑是一个错误。相反，在他的作品中有相当大的篇幅都在劝解世人：既然坚信人类必将走向全面进步，那就不妨以平和的心态去看待过去。尽管他在作品中非常重视哥伦布之前的文明，尽管他对当时受到西班牙开发者普遍蔑视的印第安人、黑人以及克里奥尔人投去了一种全新的关切的目光，但这并不意味着他就是一位革命者。

虽然南美洲的解放者、委内瑞拉人西蒙·玻利瓦尔（Simon Bolivar，1783—1830年）曾经真诚地感谢这位学者为这块大陆、为这些得到解放的年轻共和国谱写了属于它们自己的历史，但这并不意味着洪堡在19世纪头25年的南美独立历史中发挥过重大作用。这一点，两人之间的信件往来便可资证明。

现存的西蒙·玻利瓦尔写给洪堡的信件只有两封，分别写于1821年和1826年；而洪堡写给玻利瓦尔的信只有三封，写于1822年至1825年间。也就是说，从他们在巴黎初次见面的1804年直到1821年之间，他们并没有任何联系。1853年，洪堡向曾经担任过这位南美解放者助手的爱尔兰人奥利里（O'Leary）承认，他一开始低估了玻利瓦尔。有一种无法证实的说法是，这两个人于1804年在巴黎的上流沙龙里结识了彼此。时年21岁、年轻气盛的玻利瓦尔向洪堡透露了自己解放南美大陆的伟大计划，而这位学者对他的回应是："我觉得您的想法已经很成熟了，不过我看不出来有什么人能够成功实施这项计划。"

关于这两个人物还有一种最为离奇的说法是，玻利瓦尔曾在1805年与洪堡结伴攀登维苏威火山。这在时间上是不可能的。不过，说到底，这些都不重要。重要的是：洪堡的作品能够帮助人们从根本上突破那种把新大陆视作欧洲附庸的认识，这无疑就是一种巨大的进步。

在地理大发现时代及第一批殖民地建立之后的三个世纪中，世界逐渐向欧洲人开放了各片海洋。欧洲人通过不断的探索、观察和研究，越来越深入地认识着这个世界向他们展现的宏伟博大和复杂多姿。

档案：收藏热与植物园

收藏热情高涨是航海与大发现时代的一个特点，也是西方文化孕育博物馆的先声。

私人收集物品用于研究或观赏，这种现象发端于中世纪的欧洲。进一步追根溯源，它应该是源起于古代的希腊、罗马和中国。而在 16—18 世纪的欧洲，这种现象发展到了规模空前的程度：私人收藏的各类文献、资料、信息及物品数量巨大，学者们仅

博物学家布丰

1739 年，布丰伯爵被任命为巴黎的国王花园（即现在的法国国立自然历史博物馆）的园长。他领导了国王花园整整 50 年，同时编纂了 44 卷本的《自然历史》。图为让－安托万·乌东（Jean-Antoine Houdon）雕塑的布丰半身像。（藏于法国巴黎，卢浮宫博物馆）

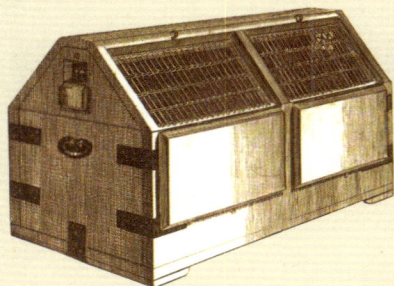

种子的运输 这个箱子是专门用来运输种子的。有些植物的种子，比如倒捻子树的种子，非常脆弱，只能用这种方式运输。箱盖是格栅状的，这样种子能够沐浴到雨水和露水。

植物的运输 这个箱子是用来运输植物的。它的两侧都开了小窗，可以通风防潮。它的铰链翻盖便于人们从箱子中取出植物。

从大自然到植物园

建立植物园的一个目的，是对来自世界各地的植物进行保育和研究。为此，植物被从各自的原生地运到了植物园。植物学家们努力研究防止植物在运输过程中死亡的办法。1779年，卡西米罗·戈麦斯·德·奥尔特加（Casimiro Gómez de Ortega）就这个问题出版了一本小册子，上面这些插图就选自那本小册子。左边的照片是英国伦敦邱院植物园为热带植物建造的温室。

凭自己从古代地理学家、哲学家或历史学家那里承袭的传统知识，已经难以对它们加以梳理和分类了。

地理大发现与科学发展

要对欧洲人 15 世纪以来发现的众多人种、动物、植物及矿物作出描述、分类和介绍，绝非易事。如何向一个从未见过菠萝的人描述菠萝呢？只有通过亲身体验才能实现实质上的了解。所以有一种历史编纂学流派会把现代科学的诞生视作地理大发现的一个必然结果。当然，这样的活动并不是而且从来也不是西方所独有的；虽然如此，对于地理大发现在世界范围内诱发的广泛文化交流，人们有时还是会从文化扩散的角度进行简单化的解读，将这段历史概括为"西方文明之光"驱散了"野蛮和蒙昧的阴影"，照亮了全世界……事实上，文化交流从来不是单向进行的。

15 世纪末，深入印度洋的葡萄牙航海家们之所以能够成功抵达卡里卡特，是因为他们得到了当地向导的（自愿的或被迫的）帮助。然而 18 世纪中期，瑞典博物学家林奈的弟子们，尽管在采集珍稀的美洲热带植物标本时确实利用了当地混血裔或非洲裔草药采集者的帮助，但拒绝承认后者在他们的研究中发挥了重要作用。他们并没有把自己当作曾经彼此隔离的不同文化的游历者，相反，他们自视为来自正在征服世界的欧洲文明，把自己变成了一种有学问的掠夺者。

求知欲与收藏热

随着大量信息的不断积累，就产生了对这些信息进行分类的热情。全欧洲的旅行者、探险家以及学者们编织出了一张张致密的信息交流网络。其宗旨，一方面当然还是为了互相交流和分享新鲜、奇特的发现。但另一方面，它还有一个更重要的目的，就是探索那些可以用来诠释和理解这个世界的普遍原理。世界的运行必定遵循着某种秩序，而人们孜孜探索的，就是要认识这种秩序。在学术界，学者和学术机构提出了许多假说，展开了激烈的讨论；有时甚至会为了某些假说或争论而专门组建新的探险队去展开新的科学考察，并由此引发一系列连锁反应。

有一种文化因素激励着人们去实现伟大的发现，那便是无所不在的好奇心和求知欲。自从 16 世纪初开始，由于某些拥有巨大财富和影响力的王公贵族为一些著名学者提供的资助和保护，也由于他们对新奇事物的贪婪的收藏热情，人们求知欲的发展获得了新的能量。从 16 世纪到 17 世纪初，许多王室宫殿、亲王府邸、贸易公司以及负责海外殖民地发展的机构（比如西班牙的招商局和印第安理事会）纷纷设立的地图研究室渐渐演变成为贮存地理学理论知识和实践经验的宝库。此外，许多富贵家族建立了珍品收藏屋和珍奇陈列馆，努力搜罗欧洲各地学者们发现的或新奇或未知的物品和资料。它们的收藏新颖独特、令人惊叹，大大促进了人们对新鲜事物的认识，也向文艺复兴及巴洛克时代的科学研究提出了真正的挑战。

美第奇家族的弗朗索瓦一世于 1572 年在佛罗伦萨韦基奥宫建成了一间著名的研究馆。该馆规模并不大，既是办公室，也是实验室和珍品屋。弗朗索瓦一世亲王常常到那里练习炼金术，同时欣赏那里存放的大量奇珍异宝。这间研究馆不只反映

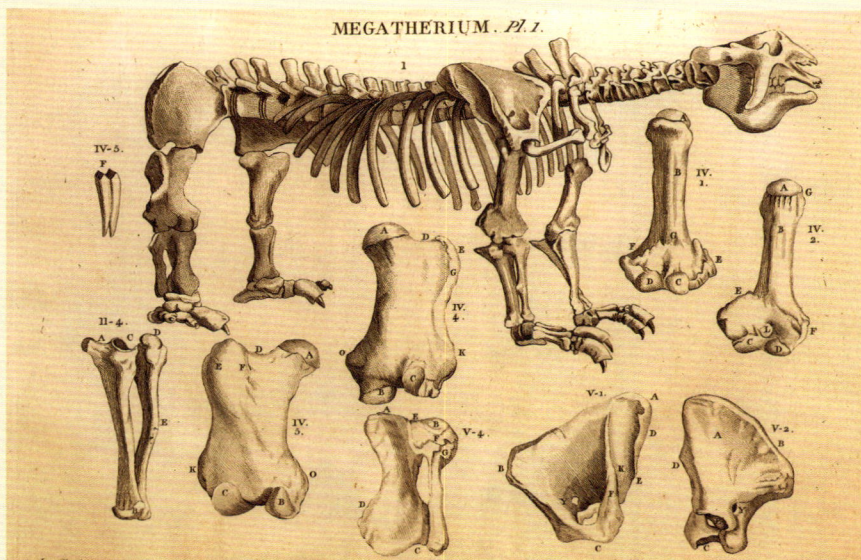

MEGATHERIUM. Pl. 1.

犀牛与大懒兽

16世纪中期，丹麦人康拉德·格斯纳（Conrad Gessner）有一种直觉，认为化石并不是一种岩石，而是来自有机体。启蒙时代的学者们接受了他的这种革命性观点，标志着古生物学由此诞生发展起来。大懒兽化石成为最早被研究的化石。上面这幅1804年的版画画的就是这种恐龙的骸骨。它是由西班牙人胡安·包蒂斯塔·布鲁（Juan Bautista Bru）复原出来的，法国人乔治·居维叶对其进行了研究。

乔治·居维叶　乔治·居维叶（Georges Cuvier，1769—1832年）是公认的古生物学和比较解剖学之父。他凭借为数不多的化石遗骸复原出了许多已经消逝的物种，比如大懒兽和翼手龙。根据他为解释这些动物的消逝而提出的理论，每一次灭绝都是由一场灾难造成的，而灾难之后会出现新的动物。所以当时的人们都认为自然历史的发展，是以革命的形式而不是进化的形式进行的。

了他的艺术品位，也代表着他想要对这个越发难以解读的世界作出全面阐述的一种努力……当然，美第奇的弗朗索瓦一世之所以愿意把这间藏品丰富的研究馆开放给外人参观，也是把它当成了自己实力的一种直观象征，赤裸裸地炫耀给世人。

珍奇陈列馆

这间研究馆的模式影响了整个欧洲。耶稣会会士亚撒纳修斯·克里切（Athanasius Kircher，1602—1680 年）在罗马学院也建了一间。神圣罗马帝国皇帝鲁道夫二世（Rodolphe Ⅱ，1552—1612 年，于 1576 年即位）在自己位于布拉格的城堡里也收藏了大量出色的藏品。英国学者埃里亚斯·阿斯莫勒（Elias Ashmole，1617—1692 年）把自己的珍品收藏屋捐给了牛津大学；而 1683 年在此基础上建立的阿什莫林博物馆就成为世界上第一家公共博物馆。

所有这些场馆都按照一种特定的秩序来展示这个世界。它们通常都会把自然奇迹（naturalia）与人造产品（artificialia）分列开来，把古代与现代分列开来。更为细致的分类也很常见，比如把科技设备（scientifica，指科学技术研究中使用的工具或器材）或异域珍藏（exotica，指来自海外的植物、动物或物品）单列出来。收藏家们醉心于世界呈现在他们眼前的美与奇，也热衷于向观者展示一些所谓神话动物的遗骸（比如独角兽的角，其实只是独角鲸的牙齿），胚胎，一些神话传说中描绘的物品、巨人或矮人的骨骼……他们还把从其他大陆带回来的土著人拉到王室宫廷里或大街小巷上进行展览，在令观众目瞪口呆、啧啧称奇的同时，也让一些观者暗暗萌生出要到这个大千世界里去进行一番探索的愿望。

随着探险家们在发现的道路上越走越远，不断地把一些新奇古怪的物件带回欧洲，越来越多的富有的收藏爱好者开始跑到各大港口和集市去淘买各种来自海外的珍奇玩意儿：犰狳、蜂鸟、鳄鱼、珊瑚、晒干的各类植物、各种各样奇怪的种子……而且，这些收藏爱好者常常愿意向好奇的观众以及科学研究者开放自己的私人收藏，使后者得以通过目睹的方式来对自己获得的有关这个丰富多彩的世界的知识信息加以验证。

这些珍品陈列馆的收藏还为古生物学、昆虫学或地质学等学科的建立立下了功

阿辛博多画的哈布斯堡的鲁道夫二世 这位皇帝是第谷·布拉赫（Tycho Brahe）和约翰内斯·开普勒（Johannes Kepler）的保护者，也是科学和艺术的伟大赞助者（藏于瑞典玛丽费莱德的格里普斯霍尔姆城堡）。

劳。与此同时，在欧洲和美洲还出现了等级各异的植物园。它们的使命，是对探险家们不断发现的各色植物开展收藏、培植、研究和分类。

植物园的时代

1544 年和 1545 年，比萨大学和帕多瓦大学分别建立了各自专用于药用植物学研究的花园。1568 年，另一个同类的花园在博洛尼亚建成。这样一种模式渐渐在欧洲南北普及开来，在苏黎世（1560 年）、巴伦西亚（1567 年）、莱比锡（1580 年）、莱顿（1587 年）、蒙彼利埃（1593 年）、巴黎（1597 年和 1635 年）、哥本哈根（1600 年）、牛津（1621 年）、阿姆斯特丹（1638 年）、乌普萨拉（1655 年）和柏林（1672 年）先后出现了一些"菜园式植物园"。在整个 17 世纪，植物园的发展依循的都是上古和中古时期的医学传统，也就是说，一般都是大学、医院及疗养院自己负责建立一些植物园，自己种植或委托种植一些植物，用于制作一些治病用的药膏、药糊、药茶或药水。比如，1673 年伦敦建立的切尔西植物园就与当地一家药剂公司以及一家医院保持着密切的合作关系。

然而，随着 17 世纪过去，到了 18 世纪初，探险与殖民的深入发展很快对这种情况产生了影响，渐渐使这些种植药草的小菜园子发展成了更加高端的科学机构。在 18 世纪初，植物学作为一门日新月异的学科，面临着各种各样的挑战：一方面，要对当时新发现的数千种未知的植物加以描述、分类、整理和命名；另一方面，要了解这些植物的属性并对它们可能的实用价值进行研究，还要尝试在欧洲引种这些植物。为了迎接这些挑战，欧洲以及海外的植物园所发挥的作用就非常关键。

比如，荷兰人就从他们在南非的开普敦殖民地把老鹳草、杜鹃花以及天竺葵等植物引进到莱顿和阿姆斯特丹的花园里，现在这些花卉开遍了整个欧洲。他们还从锡兰、巴达维亚以及爪哇引进了几十种植物和种子，交由荷兰的植物学家和农学家进行研究，使得联省共和国从中获取了大量利益。

在整个欧洲，尤其是在那些拥有大量殖民地的国家，情况都与此类似。西班牙国王费尔迪南六世（Ferdinand Ⅵ）也顺应潮流，于 1755 年下令在曼萨纳雷斯河岸创建了马德里皇家植物园。当时那里种植了 2000 多种植物，其中一部分是植物学家兼外科医生何塞·奎尔（José Quer）在伊比利亚半岛各地收集而来的，还有一部分是从众多旅行者和探险家处购得或由他们寄送过来的。1781 年，这座植物园搬迁到现在位于普拉多大道上的园址，在那里修建起三级阶梯式园区。这座植物园和绝大多数植物园一样，也成了一个研究和教学场所：来自世界各地的植物在那里被按照林奈分类法整理得井井有条，还建起了一些专门的培育场、棚架、温室、实验室以及会议厅。

在众多给马德里皇家植物园负责人寄来植物及植物学论文的联络员和旅行者中，特别值得一提的是西班牙植物学家维森特·塞万提斯·门多（Vicente Cervantes Mendo）。他于 1787 年至 1803 年参加过马丁·德·西塞率领的，以研究新西班牙总督辖区的动植物群落、地理断层以及人文习俗为目的的那支雄心勃勃的科学考察探险队，并于 1788 年创建了墨西哥城植物园。他还致力于在墨西哥推广林奈命名法，并为此与克里奥尔教士、地图绘制师兼博物学家何塞·安东尼奥·阿尔扎特（José Antonio Alzate）展开了几场著名的论战。他收集了那个世纪之交在

对人类的分类

　　人类对于分类的执着也作用到了人类自身。欧洲人在全球的扩张导致他们产生了对所遇到的人群进行分类的倾向。16世纪，就出现了种族的概念；但直到一个世纪后的1684年法国医生弗朗索瓦·拜尔尼耶（François Bernier）发表了一篇《基于居住人类的不同品种或种族对地球进行重新划分》（*La nouvelle division de la Terre par les différentes espèces ou races d'hommes qui l'habitent*）的文章，被公认为对人类种族第一次进行分类。虽然卡尔·林奈划分的四个人类品种（美洲人"Americanus"、欧洲人"Europeus"、亚洲人"Asiaticus"和非洲人"Afer"）还是显得过于宽泛，但至少标志着自从18世纪开始已经出现了对人类的科学分类。约翰·布卢门巴赫（Johann Blumenbach）根据肤色进行的分类影响更为深远：高加索人种（白种人）、蒙古人种（黄种人）、埃塞俄比亚人种（黑种人）、美洲人种（红种人）和马来人种（棕种人）。

　　插图　安德烈斯·德·伊斯拉斯（Andrés de Islas）创作的《阿尔巴拉扎多人和印第安人生下了巴尔希诺人》（*De albarazado e india, nace barcino*）（藏于西班牙马德里的美洲博物馆）。这幅画是种族主题绘画的代表，这种绘画热衷于表现美洲大陆社会种族杂居的现象。

当地进行的多次科考探险的成果，开展了不下十五项重要的科学研究，并给马德里皇家植物园寄送了 300 多种新发现的植物，而且事先还给它们分好了类、命好了名。

国王的花园

欧洲植物园与殖民地植物园之间建立起的这种联系是 18 世纪植物学发展史上的一个重要因素。而创建于 1635 年的巴黎国王花园在这方面贡献卓著。在路易十四统治时期，巴黎国王花园与法国皇家科学院（成立于 1666 年）、巴黎天文台（创立于 1667 年）一起，成为法国国王"殖民机器"上的一个主要构件，因为这一整套学术机构系统经常为法兰西王国的殖民计划服务。在法兰西王国海军的协助与支持下，同时得益于一个由正式或临时联络员组成的庞大的交流网络，巴黎国王花园当之无愧地成为 18 世纪植物学发展上的一个重要中心。在其园长布丰（Buffon，1707—1788 年）及首席园艺师安德列·图安（André Thouin，1747—1824 年）的共同努力下，这座花园栽种了数千种植物，并为世界范围内的植物交流做出了其他植物园难以比肩的贡献。据估计，图安在 1772—1792 年一共收到了 41000 多份植物样本，而他寄送给各地联络员的植物样本更是不下 160000 份。从印度洋到美洲，法国大部分殖民地 [包括皮埃尔·布瓦弗尔（Pierre Poivre）管辖的法兰西岛，以及圣多明哥和圭亚那] 都创建了植物园。这些植物园的发展使得法国的香料贸易迅速壮大起来，令法国收获了大量的商业利益。

在法兰西国民大会的要求下，在贝尔纳丹·德·圣皮埃尔（Bernardin de Saint-Pierre）的领导下，一项新规于 1793 年通过，把原先的国王花园改名为国立自然历史博物馆，而其收藏的对象除植物以外，还增加了矿物、化石、动物骨骼等。国立自然历史博物馆的宗旨是促进"农业、商业和艺术的进步"，受到"国民代表们的随时保护"。同时，这项新规还规定，该机构的所有公务员均享有自由和平等的权利，均能享有晋升教授职衔的机会。

邱院植物园

英国邱院皇家植物园（Kew Gardens）于 1759 年在伦敦西部建成，也是一家享有盛誉的植物园，在英国及其帝国的农学发展史上发挥过极其关键的作用。那里

国立雪弗尔卢植物园　位于巴黎附近，是法国国立自然历史博物馆的附属机构，种植着来自世界各地的15000多个树种。

具备优越的保育条件，植物学家和职业园艺师可以专心研究和培育各种来自远方的珍稀植物。自从该园创建之后，植物学家威廉·艾顿（William Aiton）就着手对那里保育的植物进行分类。此外，和巴黎或马德里的植物园一样，邱院植物园也大大地激发了公众对园艺以及异域植物的兴趣。在 18 世纪末，在曾经参加过詹姆斯·库克第一次探险航行的博物学家约瑟夫·班克斯的领导下，邱院成为和巴黎国王花园一样的行业灯塔：世界各地的航海家、探险家以及联络员提供的植物信息和样品源源不断地汇聚到这家专为大英帝国科学服务的植物园。

从某种程度上说，欧洲各国的植物园除了本来承担的科学使命之外，似乎还在为各自国家在即将到来的 19 世纪征服世界经济的战争准备着最为重要的武器——尽管这或多或少是以牺牲人们在大探险时代之初所保有的那种好奇心和惊喜感为代价的。

附 录

插图（左侧） 戴着面具的三明治群岛土著人。图片选自1784年于伦敦出版的讲述库克船长第三次航海的《1776—1780年的太平洋之旅》（*A Voyage to the Pacific Ocean in 1776—1780*）一书。该图为沃尔克（W. J. Walker）根据约翰·韦伯（John Webber）的草图制作的版画。

北冰洋

白令海峡

16

19

往欧洲

魁北克
蒙特利尔
克雷夫科堡
彼得斯堡
新阿姆斯特丹
（纽约）

20

圣达菲
圣路易斯
12
10
查尔斯顿

蒙特雷

大西洋

布里斯
普利茅斯勒

5

2

18

夏威夷

新奥尔良

萨卡特卡斯
圣布拉斯
墨西哥城
韦拉克鲁斯
阿卡普尔科

哈瓦那

15
16
里斯本
加的斯

21

3

太平洋

3

7

巴拿马
西印度的卡塔赫纳
波哥大
基多

加拉加斯

21

21

佛得角
圣路易

弗里敦

16

7

帕拉

1

6

16

卡亚俄
利马

伯南布哥
巴伊亚

16

18

15

3

4

7

17

3

智利的圣地亚哥
瓦尔帕莱索
康塞普申

里约热内卢

蒙得维的亚
布宜诺斯艾利斯

4

17

15

麦哲伦海峡
合恩角

图例：

☐	1560年已知的世界
☐	1800年已知的世界

航行与探索

1. 乌尔苏阿和阿奎尔 (1560—1561)
2. 德·乌尔达内塔 (1564—1565)
3. 德·门达尼亚 (1567—1569)
4. 费尔南德斯·德·奎罗斯 (1605—1606)
5. 德·奥纳特 (1598—1605)
6. 泰克谢拉 (1637—1639)
7. 马拉斯皮纳 (1789—1794)
8. 哈得孙 (1609—1616)
9. 詹姆斯 (1631—1632)
10. 亚瑟 (1671)
11. 芒戈·帕克 (1795—1806)
12. 德·拉·萨勒 (1682)
13. 布劳维尔 (1611)
14. 塔斯曼 (1639—1643)
15. 卡特雷特和瓦利斯 (1766—1769)
16. 库克 (1776—1779)
17. 德布干维尔 (1766—1769)
18. 拉佩鲁兹 (1785—1788)
19. 白令 (1725—1743)
20. 刘易斯和克拉克 (1804—1806)
21. 洪堡和邦普朗 (1799—1804)

地名：北角、阿尔汉格尔斯克、裏哥尔摩、姆斯特丹、莫斯科、伊斯坦布尔、霍尔木兹、亚丁、瓜达菲角、加尔各答、果阿、马德拉斯、科钦、桑给巴尔、莫桑比克、马达加斯加、开普敦、好望角、印度洋、南冰洋、马六甲、巴达维亚（雅加达）、托雷斯海峡、杰克逊港（悉尼）、塔斯马尼亚、新西兰、广州、澳门、卓尼拉、鹿儿岛、下勘察加

对照年表

欧洲

公元 1492—1545 年

- 欧洲"发现"美洲
- 法国弗朗索瓦一世国王在位
- 马丁·路德传播他的理念，发起新教改革
- 西班牙国王查理一世加冕为神圣罗马帝国的查理五世皇帝
- 英国国王亨利八世与罗马教廷决裂，英国圣公会从罗马教廷中分裂出来
- 麦哲伦和埃尔卡诺进行第一次环球航行

文化成就：
- 耶稣会成立
- 意大利绘画进入黄金时代，代表画家有：拉斐尔、达·芬奇、提香

公元 1546—1600 年

- 查理五世镇压穆尔伯格的新教徒
- 拉斯·卡萨斯和德·塞普尔韦达在瓦拉杜利德大学就征服美洲展开辩论
- 卡尔文的宗教思想从热那亚开始传遍欧洲
- 法国宗教战争，发生圣巴托洛缪大屠杀

文化成就：
- 特伦特委员会将伊拉斯谟的作品列为禁书
- 教皇格列高利十三世改革历法，颁行格里历以取代儒略历

公元 1601—1650 年

- 荷兰联省共和国的独立获得西班牙承认
- 西班牙和葡萄牙两国王室长达 60 年的联合宣告终结
- 法国路易十三世在位，黎塞留当政
- 三十年战争结束
- 英国发生革命，国王被处死，英格兰共和国建立

文化成就：
- 米格尔·德·塞万提斯发表《堂·吉诃德》，莎士比亚发表《十四行诗》
- 伽利略发表《关于两大世界体系的对话》

美洲

公元 1492—1545 年

- 西班牙和葡萄牙签订《托德西利亚斯条约》，旨在瓜分世界
- 约翰·卡伯特到达纽芬兰
- 雅克·卡蒂耶探索圣劳伦斯
- 蒙特苏马开始统治阿兹特克
- 科尔特斯征服阿兹特克帝国
- 皮萨罗征服印加帝国

文化成就：
- 瓦尔德泽米勒将新大陆命名为"美洲"
- 西属美洲建立第一所大学和第一个印刷厂

公元 1546—1600 年

- 法国在佛罗里达海岸建立卡罗琳要塞，进行了短暂的殖民
- 秘鲁发现银矿。建立波托西铸币厂
- 耶稣会会士来到巴拉圭，建立了瓜拉尼人归化传教区

文化成就：
- 古巴开始种植甘蔗
- 贝尔纳迪诺·德·萨哈贡用阿兹特克的纳瓦特尔语编纂了《新西班牙通史》

公元 1601—1650 年

- 库斯科城毁于地震
- 法国在魁北克建立殖民地，并在马提尼克和瓜德罗普殖民
- 英国在北美洲建立第一个定居点詹姆斯敦。"五月花"号朝圣者们到达北美洲
- 荷兰人建立了新阿姆斯特丹，也就是未来的纽约，它因皮毛交易兴盛起来

文化成就：
- 印加人加西拉索·德·拉·维加发表了《印加人的真实看法》

亚洲和非洲

公元 1492—1545 年

亚洲：
- 朝鲜改革家赵光祖被赐死

非洲：
- 塞利姆一世征服埃及，奥斯曼帝国时代开启
- 瓦斯科·达·伽马越过好望角

文化成就：
- 第一批耶稣会传教士来到日本
- 日本园林的禅意设计

公元 1546—1600 年

亚洲：
- 阿克巴一世登基印度莫卧尔王位
- 中国陕西发生地震：80 万人死亡
- 大名织田信长掌管日本的实权

非洲：
- 乍得湖周围的卡内姆帝国迎来辉煌期
- 塞巴斯蒂安一世统治的葡萄牙决定征服摩洛哥，结果战败，塞巴斯蒂安一世在凯比尔堡失踪

公元 1601—1650 年

亚洲：
- 日本进入德川时代
- 清军入关，明朝灭亡

非洲：
- 葡萄牙人征服了刚果王国
- 黄金海岸发生因奴隶交易而起的部落战争

文化成就：
- 泰姬陵建成

公元 1651—1700 年

- 英国"光荣革命"。威廉三世即位英国国王
- 彼得大帝加冕全俄罗斯的皇帝
- 路易十四世入驻凡尔赛宫。柯尔贝尔对法国的体制、经济、海军以及殖民地进行改革

文化成就：

- 英国银行成立
- 巴黎科学院和巴黎皇家天文台成立
- 咖啡被引进到欧洲
- 伦敦皇家学会成立

公元 1701—1750 年

- 西班牙王位继承战争
- 波旁军队围攻巴塞罗那。新工厂法令分布
- 瑞典的查理十二世在波尔塔瓦被俄国人击败，失去了对波罗的海的控制权
- 路易十五世即位法国国王

文化成就：

- 孟德斯鸠发表《波斯人信札》
- 牛顿在其著作《光学》中发表了自己的理论

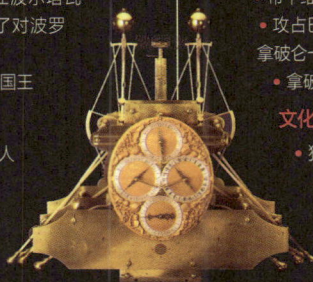

公元 1751—1810 年

- 亚历山德罗·马拉斯皮纳的科考探险
- 乔治三世即位英国国王
- 布干维尔和库克进行环球航行
- 攻占巴士底狱。法兰西大革命。拿破仑一世加冕
- 拿破仑的战争

文化成就：

- 狄德罗与达朗贝尔编纂《百科全书》
- 伏尔泰发表《老实人》
- 《人权和公民权利宣言》发布

公元 1651—1700 年

- 勒内·罗贝尔·卡弗利耶·德·拉·萨勒探索密西西比河流域，即未来的路易斯安那
- 甘蔗种植园大发展，贩运黑奴不断增长
- 乌龟岛和牙买加周围西印度海域的海盗的黄金时代

文化成就：

- 马萨诸塞的塞勒姆进行了女巫审判：数十人被处决

公元 1701—1750 年

- 巴西总督辖区成立
- 耶稣会士把巴拉圭的瓜拉尼人武装起来抵抗巴西旗匪
- 法国"约翰·劳改制"失败，人们猜测法国将殖民路易斯安那
- 《马德里条约》规定了西属南美洲和巴西的边界

文化成就：

- 巴西出现第一个咖啡种植园。新奥尔良建立

公元 1751—1810 年

- 七年战争，法国丢失了加拿大
- 波士顿茶党：抗议英国在英属美洲殖民地征收关税的政策
- 美国独立战争，美利坚合众国成立
- 海地独立，它是第一个黑人共和国
- 洪堡与邦普朗的科考旅行
- 委内瑞拉宣布独立

文化成就：

- 本杰明·富兰克林发表《电力实验和观察》

公元 1651—1700 年

亚洲：

- 印度建立了马拉地帝国
- 中俄《尼布楚条约》签订

非洲：

- 荷兰东印度公司的经营者扬·范·里贝克创建了开普殖民地，它成为荷兰与爪哇之间的中继站
- 阿曼舰队袭击蒙巴萨

公元 1701—1750 年

亚洲：

- 马拉地军队洗劫印度南部的海达拉巴德
- 奥朗则布去世，印度莫卧儿帝国衰落
- 马斯喀特和阿曼苏丹国独立

非洲：

- 伊斯梅尔苏丹镇压非斯的异见者
- 奥姆卡马·杜哈伽开始统治湖区的本尼约罗帝国

公元 1751—1810 年

亚洲：

- 《巴黎条约》标志着法国在印度的势力衰落
- 中国大举处死腐败的文武官员

非洲：

- 拿破仑征战埃及

文化成就：

- 一些曾经在新苏格兰为奴的人们回到非洲，建立了如今利比里亚的首都弗里敦

探索与发现史（1492—1804年）

西班牙

天主教双王时期
克里斯托弗·哥伦布数次航海并发现美洲　　1492—1502年

文森特·亚涅斯·平松前往巴西并沿南美洲海岸航行

　　1499—1500年

胡安娜一世和美男子腓力时期
瓦斯科·努涅斯·德·巴尔博亚发现太平洋　　1513年

胡安·庞塞·德·莱昂探索佛罗里达　　1513年

西斯内罗斯摄政时期
探险队探索南方通道；胡安·迪亚兹·德·索利斯发现拉普拉塔河
（1516年）　　1514—1517年

弗朗西斯科·埃尔南德斯·德·哥多华发现尤卡坦半岛　　1517年

西班牙国王查理一世/神圣罗马帝国皇帝查理五世时期
埃尔南·科尔特斯征服墨西哥　　1519—1521年

麦哲伦和埃尔卡诺实现首次环球航行　　1519—1522年

加西亚·乔弗尔·德·洛瓦萨探索太平洋以及"香料群岛"（马鲁古群岛）　　1525—1526年

卢卡斯·巴斯克斯·德·艾伦探索弗吉尼亚　　1526年

阿尔巴罗·德·萨维德拉探索新几内亚和马鲁古群岛　　1527年

韦尔泽家族探索埃尔多拉多黄金国　　1528年

潘菲洛·德·纳尔瓦埃斯（Pánfilo de Narváez）探索佛罗里达

　　1528年

弗朗西斯科·皮萨罗征服印加帝国　　1531—1533年

塞巴斯蒂安·德·贝拉尔卡萨尔探索基多和新格拉纳达

　　1534—1539年

贡萨洛·希门尼斯·德·克萨达探索奇布查之地　　1536—1539年

佩德罗·德·瓦尔迪维亚征服智利　　1540—1553年

腓力二世时期
乌尔苏阿和阿奎尔探索亚马孙河　　1560—1561年

安德列斯·德·乌尔达内塔经太平洋（由西向东）返航南美洲

　　1564—1565年

阿尔瓦罗·德·门达尼亚探索所罗门群岛　　1567—1569年

佩德罗·萨尔门托·德·冈巴穿过麦哲伦海峡　　1579—1580年

阿尔瓦罗·德·门达尼亚和伊莎贝尔·巴雷托探索马克萨斯群岛和所罗门群岛　　1595—1596年

腓力三世时期
塞巴斯蒂安·维斯凯诺探索加利福尼亚海岸以及太平洋　　1602年

加布里埃尔·德·卡斯蒂利亚穿过麦哲伦海峡并沿南极洲海岸航行　　1603年

佩德罗·费尔南德斯·德·奎罗斯探索"南方陆地圣灵岛"

　　1605—1606年

路易斯·瓦兹·德·托雷斯远航新几内亚和托雷斯海峡

　　1605—1606年

胡安·德·奥纳特探索科罗拉多河和新墨西哥　　1598—1605年

腓力四世时期
佩德罗·泰克谢拉船长探索从帕拉直到基多的亚马孙河流域

　　1637—1639年

方济各会士多明戈·德·布里瓦和安德列斯·德·托莱多探索从基多直到帕拉的亚马孙河流域　　1637年

查理二世至腓力五世时期
尤西比奥·弗朗切斯科·奇尼探索加利福尼亚和墨西哥北部地区

　　1687—1711年

腓力五世时期
豪尔赫·胡安和安东尼奥·德·乌洛亚参加法国–西班牙联合组织的基多探险队，该探险队的目的是测量一度经线弧的长度

　　1736—1740年

费尔迪南六世和葡萄牙的何塞一世联合探索奥里诺科河和南美洲的边界　　1751—1761年

查理三世时期
费利佩·冈萨雷斯·德·艾哈多探索复活节岛和太平洋

　　1770—1771年

希波利托·鲁伊兹和何塞·安东尼奥·帕文在秘鲁总督辖区开展植物学科考探险　　1777—1787年

何塞·塞莱斯蒂诺·穆蒂斯在新格拉纳达开展植物学科考探险

　　1783—1808年

安东尼奥·贝纳斯科尼探索帕伦克的玛雅遗址　　1784—1787年

胡安·德·库埃拉在菲律宾开展植物学科考探险　　1786—1797年

马丁·西塞和马里亚诺·莫西尼奥在新西班牙开展植物学科考探险　　1787—1803年

查理三世和法国的路易十五世联合夏珀·多特罗什伯爵领科考探险队到加利福尼亚观测金星凌日　　1761—1759年

查理三世和葡萄牙的玛丽娅一世联合成立马拉尼翁河勘界委员会，勘定两国在南美洲的边界　　1778—1804年

查理四世时期
亚历山德罗·马拉斯皮纳指挥进行科学和政治探险

　　1789—1794年

葡萄牙

若奥二世时期
巴托洛缪·迪亚斯绕过好望角　　1488年

曼努埃尔一世时期
瓦斯科·达·伽马：环非洲航行并第一次到达印度

　　1497—1502年

234

NATIONAL GEOGRAPHIC

图书在版编目（CIP）数据

大航海时代 / 美国国家地理学会编著；陈路译. -- 北京：现代出版社，2022.9

（美国国家地理全球史）

ISBN 978-7-5143-7912-9

Ⅰ.①大… Ⅱ.①美… ②陈… Ⅲ.①航海－交通运输史－世界 Ⅳ.①F551.9

中国版本图书馆CIP数据核字（2022）第123336号

版权登记号：01-2022-2693

© RBA Coleccionables, S. A. 2013

© Of this edition: Modern Press Co., Ltd.2022

NATIONAL GEOGRAPHIC及黄框标识，是美国国家地理学会官方商标，未经授权不得使用。

由北京久久梦城文化发展有限公司代理引进

大航海时代（美国国家地理全球史）

编 著 者：美国国家地理学会

译　　　者：陈 路

策划编辑：吴良柱

责任编辑：张　霆　邓　翊

内文排版：北京锦创佳业文化传播有限公司

出版发行：现代出版社

通信地址：北京市安定门外安华里504号

邮政编码：100011

电　　话：010-64267325　64245264（兼传真）

网　　址：www.1980xd.com

印　　刷：固安兰星球彩色印刷有限公司

开　　本：710mm*1000mm 1/16

印　　张：15　　　　　　　字　　数：220千

版　　次：2022年9月第1版　　印　　次：2023年10月第2次印刷

书　　号：ISBN 978-7-5143-7912-9

定　　价：79.80元